莊子集成

劉固盛 主編

南華真經新傳

[宋]王雱 撰

韓星 點校

海峽出版發行集團
THE STRAITS PUBLISHING & DISTRIBUTING GROUP
福建人民出版社

二〇一一—二〇二〇年國家古籍整理出版規劃項目
全國高等院校古籍整理研究工作委員會直接資助項目
華中師範大學中國語言文學一流學科建設項目

莊子集成出版前言

《莊子》是先秦道家重要經典，戰國中期莊周及其後學所撰。《莊子》原爲五十二篇，經西晉郭象删削編定，尚存三十三篇流傳至今。《莊子》在兩漢未受特别重視，至魏晉之際，因與玄學思潮投合，注釋漸多，影響較廣的有崔譔、向秀、司馬彪諸家，但多已亡佚。惟郭象參考諸家之注，加以發揮，形成後世通行的注本。唐代成玄英又依郭注作《南華真經注疏》，補釋郭注未及的字義名物，在思想上也有獨到闡發。陸德明《經典釋文》中有《莊子音義》三卷，因保存較多唐以前異文舊注，爲治《莊》必備之書。

目前流傳下來的《莊子》注本，多成書於宋以後。宋學長於義理思辨，以儒、釋、道解《莊》的傾向較爲明顯，到明代更形成了會通三教的風氣。宋代興起文章評點之風，林希逸、劉辰翁評析《莊子》，引發對《莊子》語言及行文的探索。明代又出現方式更多樣、結構更嚴密的《莊子》評點類著作，《莊子》文章批評成爲專門領域。

清乾嘉以來，考據輯佚之學盛行，注《莊》者更重視校釋文義、考正韻讀、輯補佚文，如盧文弨、王念孫、茆泮林、俞樾、孫詒讓諸家，均取得較高成就。清末郭慶藩、王先謙先後撰《莊子集釋》、《莊子集解》，雖繁簡各殊，而均以集納衆長、具總結性質，成爲百年來最通行的《莊子》注本。近代以降，隨着新舊學術轉型，《莊子》研究多從哲學史、文化史角度展開，或進行學術史的總結，已突破傳統格局。

歷代莊學著述今存三百餘種，近人嚴靈峰編《無求備齋莊子集成初編》、《續編》及《老列莊三子集成補編》，始予系統影印；方勇主編《子藏·道家部·莊子卷》，又續有增益。然均未經點校，不便閱讀。爲總結歷代莊學成就，推動莊學研究進程，福建人民出版社與華中師範大學道家道教研究中心合作編纂《莊子集成》，系統整理魏晉至民國間中國學者有關《莊子》的注疏文獻，分輯出版，以備廣大讀者、研究者使用。

二〇二二年十一月

目次

整理說明

王雱（一〇四四—一〇六七年），字元澤，北宋臨川人（今江西省東鄉縣）。王安石之子。王雱博學多識，不到二十歲就已著書數萬言。治平四年（一〇六七）舉進士，熙寧四年（一〇七一）任太子中允、崇政殿説書，參加撰修《三經新義》，升天章閣待制。熙寧九年，遷龍圖閣直學士。後以病辭官，未幾卒，年僅三十三歲。撰有《老子訓傳》、《佛書義解》、《南華真經新傳》等。

《南華真經新傳》（以下簡稱《新傳》）體例略仿郭象註本，而更加簡約其詞，僅標示大意，不瑣碎詮釋文句。内七篇注較詳細，外十五篇、雜十一篇注較簡，闕《駢拇》、《馬蹄》、《胠篋》、《在宥》、《天地》五篇，最後附《拾遺》一卷以發揮未盡之意。除《逍遥遊》外，其他諸篇都有解題，概括通篇大意。其詮釋《莊子》，大體以莊解莊，以内聖外王之道爲宗旨，注重義理，時有新意，並有會通儒佛之言。全書不言神仙丹道爐火之事，大略敘述莊子以道爲宗爲本。認爲道無方無物，寂然冥運，而萬物皆由之。至於人體道，其要在於無我。又以體用講道，認爲道體無形無名，無内無外，因爲道體無所用，所以爲衆用之祖。聖人窮理盡性，是保全性命的根本，體道是爲了用，盡道之所無，入神之所妙，與物不迕，隨變而遷，能内聖而外王，逍遥而應世。認爲道遍佈一切領域，物與我同根，都是以道體禀受陰陽而生。王雱對於個别詞句的詮釋，常常别出心裁。例如，其解《逍遥遊》中「齊諧」説「齊者齊其所不齊，諧者諧其所不諧」，所以稱齊諧。其釋《齊物論》的「成心」一詞説：「心者人之真君也，人不能喪其真君，所以謂之成心也。」王雱所釋雖與别家有異，但頗能闡述經旨。王雱對《莊子》各篇旨意進行了細微而精到的闡述，進一步探繹了該書内篇之間的邏輯關係，建構了外雜、上下篇之間的義理一致性，並于篇末對篇章内部的邏輯性進行了揭示；還對《莊子》的製名寓意進行了義理上的闡發。這些闡發頗具開創性，對於更好理解莊子的思想主旨及深刻寓意，以及更爲系統整體地把握《莊子》文本的内在邏輯具有重要意義。後世研究《莊子》者，雖然對王雱的觀點褒貶不一，但對其才學則一致稱讚。

《新傳》現存最早版本爲正統《道藏》本，常見本尚有《四庫全書》所收題爲「兩淮鹽政採進本」者。除此兩種外，還有國家圖書館藏明抄本、日本内閣文庫藏抄校本、静嘉堂文庫藏明刊本等。結合明清書目著録及翻檢諸本，可知《新傳》傳世版本有不同系統：一爲《道藏》本，是書前有無名氏序及自序，卷五爲《大宗師》篇，卷六爲

《大宗師》篇與《應帝王》篇。國圖所藏明抄本與其当屬同一系統；二爲萬曆間刊本，是書前有孫應鼇序，此本《大宗師》、《應帝王》兩篇同屬卷五，這導致以下卷次與《道藏》本系統有异。未見此書刻本，四庫本及内閣文庫藏抄校本當是以此本爲底本抄寫。另外，檢核部分文本後，發現内閣文庫藏抄校本較四庫本大概更完備、更符合原貌。如四庫本卷十六、十七、十八中多處標明「原本有闕文」，翻檢内閣文庫藏抄校本發現其闕文多爲該抄校本整葉，這也爲我們探討四庫本《新傳》的底本及《新傳》的版本系統提供了依據。

本次整理是以本人前些年參與《中華道藏》所完成的文本爲基礎，對前作中的一些問題做了修正，並根據《莊子集成》整理要求精簡了校語、統一了體例。仍以正統《道藏》本爲底本，以《景印文淵閣四庫全書》本（簡稱「四庫本」）、光緒二年（一八七六）浙江書局所刻《二十二子》本（簡稱「《二十二子》本」）爲校本。整理中參考了中華書局《新編諸子集成》所收王孝魚點校《莊子集釋》、《道教典籍選刊》所收曹礎基与黄蘭發點校《南華真經註疏》。復旦大學出版社《王安石全集》所收有張鈺翰整理本《新傳》。

本次整理對於底本中《莊子》正文明顯的訛、脱、衍文，以四庫本、《二十二子》

本及其他參校本修正，出校説明依據；對於底本中王雱傳文，除明顯錯誤，一般不改，只以校語言明差異。對底本中的部分異體字、俗字等，酌改爲通行字。底本原本僅在《逍遥遊》前加「内篇」二字，今根據《莊子》分卷在目録與内文相應篇目前加「外篇」、「雜篇」。

韓星

南華真經新傳序

王元澤待制《莊子》，舊無完解，其見傳於世者，止數千言而已。元豐中，始得完本於西蜀陳襄氏之家。其間意義淵深，言辭典約，向之無説者悉皆全備焉。予是時鋭意科舉，思欲獨善，遂藏篋笥，蓋有歲年。前一日，賓友謂予曰：「方今朝廷復以經術造士，欲使天下皆知性命道德之所歸，而莊子之書實載斯道，而王氏又嘗發明奥義，深解妙旨，計其爲書，豈無意於傳示天下後世哉？今子既得王氏之説，反以祕而不傳，則使莊氏之旨終亦晦而不顯也。與其獨善於一身，曷若共傳於天下，與示後世乎？」予敬聞其説，乃以其書親加校對，以授於崔氏之書肆，使命工刊行焉。丙子歲季冬望日序。

世之讀莊子之書者，不知莊子爲書之意，而反以爲虚怪高闊之論，豈知莊子患拘近之士不知道之始終，而故爲書而言道之盡矣。夫道不可盡也，而莊子盡之，非得已焉者也，蓋亦矯當時之枉而歸之於正，故不得不高其言而盡於道。道之盡則入於妙，豈淺見之士得知之，宜乎見非其書也。吾甚傷不知莊子之意，故因其書而解焉。

南華真經新傳卷之一

宋王元澤傳

内篇　逍遥遊篇

北冥有魚，其名爲鯤。鯤之大，不知其幾千里也。化而爲鳥，其名爲鵬。鵬之背，不知其幾千里也。怒而飛，其翼若垂天之雲。是鳥也，海運則將徙於南冥。南冥者，天池也。

夫道，無方也，無物也，寂然冥運而無形器之累。惟至人體之而無我，無我則無心，無心則不物於物，而放於自得之場，而遊乎混茫之庭。其所以爲逍遥也。至于鯤鵬，潛則在於北，飛則徙於南，上以九萬，息以六月。蜩鷽則飛不過榆枋，而不至則控于地。此皆有方有物也。有方有物則造化之所制，陰陽之所拘，不免形器之累，豈得謂之逍遥乎？郭象謂「物任其性，事稱其能，各當其任，逍遥一也」，是知物之外守，而未爲知莊子言逍遥之趣也。

《齊諧》者，志怪者也。

莊子之言同彼我，一小大也。故同彼我者，不得不齊；一小大者，不得不和。此所以製齊諧之名也。夫齊者，齊其所不齊；諧者，諧其所不諧。鯤鵬爲大而斥鴳爲小，鯤鵬矜大之在我而小之在彼；斥鴳悲小之在我而大之在彼，則不齊不諧也。惟能達觀則均爲物爾。均爲物，則安有彼我小大之殊乎？此所以極於齊諧也，故曰齊諧。然鯤鵬非有而寓言之，故曰志怪也。

《諧》之言曰：「**鵬之徙於南冥也，水擊三千里，摶扶搖而上者九萬里，去以六月息者也。**」

鵬雖大也，飛不出乎九萬，息必以乎六月，拘於陰陽之數，而非所以爲逍遥也。

野馬也，塵埃也，生物之以息相吹也。

鵬之飛也，必待於野馬、塵埃之相吹也。無野馬、塵埃，則大翼不能舉，此所以明物雖大，必有待而後行，非自然而然也。雖大不能免於累。

天之蒼蒼，其正色邪？其遠而無所至極邪？其視下也，亦若是則已矣。且夫水之積也不厚，則負大舟也無力。覆杯水於坳堂之上，則芥爲之舟；置杯焉則膠，水淺而舟大也。風之積也不厚，則其負大翼也無力。故九萬里，則風斯在下矣，而後乃今培風；背負青天而莫之夭閼者，而後乃今將圖南。蜩與鷽鳩笑之曰：「我決起而飛，搶榆枋，時則不至

而控於地而已矣，奚以之九萬里而南爲？」適莽蒼者，三餐而反，腹猶果然；適百里者，宿舂糧；適千里者，三月聚糧。

適遠者聚糧多，適近者聚糧少，此自然之理也。故鯤鵬之大，則飛必九萬里，蜩鷽之小，則飛不過榆枋，亦自然之理也。但能明其至理，而不以多少小大爲累，則亦自足也。

之二蟲又何知？小知不及大知，小年不及大年。奚以知其然也？朝菌不知晦朔，蟪蛄不知春秋，此小年也。楚之南有冥靈者，以五百歲爲春，五百歲爲秋，上古有大椿者，以八千歲爲春，八千歲爲秋。而彭祖乃今以久特聞，衆人匹之，不亦悲乎。

天下之人物，小知不及大知，小年不及大年，故朝菌不如蟪蛄，冥靈不如大椿，殤子不如彭祖，明矣。然由其無小無大、不生不死之理而觀之，則均爲有形之累焉。有不及不如於其間乎？非天下之達觀者，孰能與於此？

湯之問棘也是已。窮髮之北有冥海者，天池也〔一〕。有魚焉，其廣數千里，未有知其脩者，其名爲鯤。有鳥焉，其名爲鵬，背若泰山，翼若垂天之雲，摶扶搖羊角而上者九萬里，絶

〔一〕「也」，原脱，據四庫本、《二十二子》本補。

雲氣，負青天，然後圖南，且適南冥也。斥鴳笑之曰：「彼且奚適也？我騰躍而上，不過數仞而下，翺翔蓬蒿之間，此亦飛之至也。而彼且奚適也？」此小大之辯也。

鯤鵬之圖南，斥鴳笑之，斥鴳之騰躍，自以爲足矣，此小大之不同也，故曰：「此小大之辯也。」然鯤鵬、斥鴳各有其體，所以不逍遥爾。夫逍遥者，豈復離乎本體哉？但能各冥其極，均爲逍遥；累乎其體，則均爲困苦。故逍遥之與困苦，特在其了與不了之間爾。

故夫知效一官，行比一鄉，德合一君，而徵一國者，其自視也亦若此矣。而宋榮子猶然笑之。

道之於物無所復分，人之由道宜各自足，故一官、一鄉、一君、一國之殊，能忘小大之分而自適，亦足以免其累也。宋榮子豈可笑乎？然榮子之笑之者，笑其有所分别也。

且舉世而譽之而不加勸，舉世而非之而不加沮，定乎内外之分，辯乎榮辱之竟〔一〕，斯已矣。彼其於世未數數然也。雖然，猶有未樹也。

〔一〕「竟」，四庫本作「境」。

舉世譽之而不加勸，舉世非之而不加沮者，此《淮南》所謂自信不爲訕譽遷也。夫自信者，重内而輕外，自榮而忘辱，不失本心而汎然逍遥矣。故曰：「定乎内外之分，辯乎榮辱之境，斯已矣。」斯已矣者，盡性之言也。盡性則人道畢而未至命，故曰「有未樹」。

夫列子御風而行，泠然善也，旬有五日而後反。彼於致福者，未數數然也。此雖免乎行，猶有所待者也。

鯤之化爲鵬也，憑野馬、塵埃而舉，列子之爲至人也，御風而後行，此皆有所待也。有所待則其於逍遥也，未盡乎幽妙。

若夫乘天地之正，而御六氣之辯，以遊無窮者，彼且惡乎待哉？

夫乘天地之正而御六氣之辯，以遊無窮者，此聖人之所能也。夫聖人，盡道之無，入神之妙，與物不迕，惟變〔一〕所適，其所往則不疾而速，其所來則不行而至，圓通周流無所滯礙，了然逍遥，而豈有所待？故曰：「彼且嗚呼待哉？」此莊子之所謂逍遥而佛氏之所謂身徧法界，自非聖智之所達，孰可與於此矣？

〔一〕「變」，四庫本作「順」。

故曰：至人無己，神人無功，聖人無名。

至人知道内冥諸心，汎然自得而不累於物，故曰無己。神人盡道，無有所屈成，遂萬物而妙用深藏，故曰無功。聖人體道寂寞無爲，神化蕩蕩而了不可測，故曰無名。

堯讓天下於許由，

老子曰：「功成身退，天之道也。」堯以既治而讓天下於許由，所謂得天之道也。得天之道，則與天爲徒矣。

曰：「日月出矣而爝火不息，其於光也，不亦難乎？時雨降矣而猶浸灌，其於澤也，不亦勞乎？夫子立而天下治，而我猶尸之；

大而化之之謂聖，聖而不可知之之謂神。聖則吉凶與民同患，而神則不與聖人同憂。堯之初治天下也，則天之大而化於民，其憂樂與天下共，所謂有爲之時也；及其化極而至于變，則鼓舞萬物而不知其所然，所謂無爲之時也。無爲出於有爲，而無爲之至則入神矣。夫聖人之功待神以立，而功既極神則固宜全神。此堯之所以讓天下也。夫功既極神而不能反，則神之所以虧矣，此堯之所以有爝火浸灌之喻也。

吾自視缺然。請致天下。」

老子曰：「大成若缺。」大成者，不自成也，故若缺。堯之自視缺然者，所謂不自成也。

許由曰：「子治天下，天下既已治也。而我猶代子，吾將爲名乎？名者，實之賓也。吾將爲賓乎？

許由古之無爲者，夫既無爲，則豈有心於天下？此所以不代於堯也。夫有爲無爲均是至妙，無所分別。如必以有爲爲少而無爲爲至，則失其所以無爲，而名實交起，賓主相分，大道判矣。故許由所以辭之以賓主之說也。

鷦鷯巢於深林，不過一枝；偃鼠飲河，不過滿腹。

鷦鷯巢林，不過一枝，偃鼠飲河，不過滿腹，斯皆能任其極，各爲至當。此明有爲雖小，但能無累乎心，則亦天下之至妙，不必羨無爲之大也。以此而觀許由，豈有心於天下乎？

歸休乎君，予無所用天下爲。

聖人之功，待神以立。功極於神，則不與聖人同憂。不與聖人同憂，則豈以天下而爲事？故曰：「歸休乎君，無所用天下爲。」

庖人雖不治庖，尸祝不越樽俎而代之矣。」

物各有分，分各有守，庖人以宰割爲功，而尸祝以清浄爲職，是各極於分守也。庖人或不治庖，而尸祝豈敢越職而代之，代之則亂其分守也。分守亂，則豈免於累乎？故堯極於神，而許由豈敢越分而代之？代之則不免於累也。不免於累，則不足爲逍遥，此許由所以以庖祝而自況也。

肩吾問於連叔曰：「吾聞言於接輿，大而無當，往而不反。吾驚怖其言，猶河漢而無極也；大有逕庭，不近人情焉。」連叔曰：「其言謂何哉？」曰：「藐姑射之山，有神人居焉，肌膚若冰雪，綽約若處子，不食五穀，吸風飲露，乘雲氣，御飛龍，而遊乎四海之外；其神凝，使物不疵癘而年穀熟。吾以是狂而不信也。」連叔曰：「然。瞽者無以與乎文章之觀，聾者無以與乎鐘鼓之聲，豈唯形骸有聾盲哉？夫知亦有之。是其言也，猶時女也。之人也，之德也，將磅礴萬物以爲一，世蘄乎亂，孰弊弊焉以天下爲事。之人也，物莫之傷，大浸稽天而不溺，大旱金石流土山焦而不熱。是其塵垢粃糠，將猶陶鑄堯舜者也，孰肯以物爲事？」

肩吾者，任我也。連叔者，不通不行而非物之長者也。接輿者，緜緜若存而又有所容者也。此莊子寄言於三人，而以明道之極致也。故道至於此，則不可以言，言不可識，識而又非世俗之所能知也。姑射在北海之中，此歸根之意也。汾水在中國之東北，此復命之意也。乘雲氣取其虛，御飛龍取其變，遊四海之外取不入於形器，時女取應而不倡。此皆所以明道之極致也。夫道極致則妙，妙則神，神則無爲而已。故堯極于無爲而忘天下，是以讓於許由也。故曰往見四子，而窅然喪天下，此莊子寓言道之盡，而非淺見之士，可得而知也。

宋人資章甫而適諸越，越人斷髮文身，無所用之。堯治天下之民，平海内之政，往見四子藐姑射之山，汾水之陽，窅然喪其天下焉。

堯之所以君天下而無心於天下，由宋人資章甫而適諸越，而越人斷髮文身，無所用而已。

惠子謂莊子曰：「魏王貽我大瓠之種，我樹之成而實五石，以盛水漿，其堅不能自舉也。剖之以爲瓢，則瓠落無所容。非不呺然大也，吾爲其無用而掊之。」莊子曰：「夫子固拙於用大矣。

物各有體，體各有用，用適其材，則爲妙用矣。故惠子得大瓠而爲無用，是拙於適材之妙用矣。拙於適材之妙用者，由心之未能直達也。故曰：「夫子由有蓬之心也夫。」

宋人有善爲不龜手之藥者，世世以洴澼絖爲事。客聞之，請買其方百金。聚族而謀曰：

『我世世爲洴澼絖，不過數金；今一朝而鬻技百金，請與之。』客得之，以説吳王。越有難，吳王使之將，冬與越人水戰，大敗越人，裂地而封之。能不龜手，一也；或以封，或不免於洴澼絖，則所用之異也。今子有五石之瓠，何不慮以爲大樽而浮乎江湖，而憂其瓠落無所容？則夫子猶有蓬之心也夫。」

不龜手之藥，或用而爲洴澼絖，或用而得裂地之封，此明物雖一，而用適其材則各有所當，而免疑累，此窮理盡性之意也。

惠子謂莊子曰：「吾有大樹，人謂之樗。其大本擁腫而不中繩墨，其小枝卷曲而不中規矩，立之塗，匠者不顧。今子之言，大而無用，衆所同去也。」莊子曰：「獨不見狸狌乎？卑身而伏，以候敖者；東西跳梁，不避高下；中於機辟，死於罔罟。今夫斄牛，其大若垂天之雲。此能爲大矣，而不能執鼠。今子有大樹，患其無用，何不樹之於無何有之鄉，廣莫之野，彷徨乎無爲其側，逍遥乎寢卧其下。不夭斤斧，物無害者，無所可用，安所困苦哉。

夫道無小大，所以爲小大之本體；無所用，所以爲衆用之祖。惟聖人全性命之根本，而體道以爲用，故以大樗況之也。樗者，深其根而枝葉生命者，固其本而萬事起。惟能深根固本，而不以小大内外爲累，則逍遥矣。無何有之鄉，言虚無。廣莫之野，言所〔一〕大。狸狌、斄牛，言用之不同而均有於困苦。彷徨，言其動。寢卧，言其静。不夭斤斧，物而無害者，言不與物迕而物莫能傷。此莊子言逍遥之極致，而處之於篇終也。

〔一〕「所」，四庫本作「闊」。

南華真經新傳卷之二

宋王元澤傳

齊物篇

萬物受陰陽而生，我亦受陰陽而生，賦象雖殊，而所生同根，惟能知其同根，則無我。無我則無物，無物則無累，此莊子所以有《齊物》之篇也。

南郭子綦隱几而坐，仰天而噓，嗒焉似喪其耦。顔成子游立侍乎前，曰：「何居乎？形固可使如槁木，而心固可使如死灰乎？

聖人體道而無我，無我則無對於天下，此南郭子綦似喪其耦也。夫耦，匹也。物莫不有匹，而惟道神妙而無匹，無匹則歸于一致而忘彼我，此物之所以齊也。故形可使如槁木，心可使如死灰。

今之隱几者，非昔之隱几者也。」

今之隱几，非昔之隱几者，此梵志所謂「吾由昔人，非昔人」者是也。

子綦曰：「偃，不亦善乎，而問之也。今者吾喪我，汝知之乎？

生者，天地之委和也。有生俱受委和也，惟子綦能知其所然，故絶累〔一〕忘形，而以吾喪我，物我所以俱齊也。世之昧者不知所然，以爲形質差殊，小大異極，所以有彼我、小大之辨，而所以不免於累也。

汝聞人籟而未聞地籟，汝聞地籟而未聞天籟夫。」子游曰：「敢問其方。」子綦曰：「夫大塊噫氣，其名爲風，是唯無作，作則萬竅怒呺，而獨不聞之翏翏乎？山林之畏佳，大木百圍之竅穴，似鼻，似口，似耳，似枅，似圈，似臼〔二〕，似洼者，似污者；激者，謞者，叱者，吸者，叫者，譹者，宎者，咬者，前者唱于而隨者唱喁。泠風則小和，飄風則大和，厲風濟則衆竅爲虚，而獨不見之調調之刁刁乎？」子游曰：「地籟則衆竅是已，人籟則比竹是已。敢問天籟。」子綦曰：「夫吹萬不同，而使其自己也，咸其自取，怒者其誰邪？」

天籟、地籟、人籟者，衆竅之所以不同也。衆竅不同，而同受風以成聲。萬物雖異，而同委氣以成體。竅爲風之所鳴，而物爲化之所役。所遇雖殊，而同歸一致。此物我不得不齊也。然風不能鳴無竅，而化不能役無物，能脱形骸之累而忘妄想之情，

〔一〕「累」，四庫本作「慮」。

〔二〕「臼」，原作「舊」，據四庫本、《二十二子》本改。

了然明達而吾非我有，則入于神妙而造化不能拘之矣。

大知閑閑，小知閒閒；大言炎炎，小言詹詹。其寐也魂交，其覺也形開，與接爲構，日以心鬬。縵者，窖者，密者。小恐惴惴，大恐縵縵。其發若機栝，其司是非之謂也；其留如詛盟，其守勝之謂也；其殺如秋冬，以言其日消也；其溺之所爲之，不可使復之也；其厭也如緘，以言其老洫也；近死之心，莫使復陽也。喜怒哀樂，慮歎變慹，姚佚啓態；

大知小知，大言小言，大恐小恐，其寐其覺，此皆有形之累也。夫有形則爲化之所役，役於化則所以有動止之異，此所以未免於累也。安若無形而使化不能役使乎？非神不能與於此。

樂出虛，蒸成菌。

聲隱於無聲，形隱於無形，此造化之自然也。及其鳴而然後成於聲，比而然後成於形，故曰「樂出虛，蒸成菌」也。

日夜相代乎前，而莫知其所萌。

晝往則夜繼，夜往則晝承，相代相更而莫有其極，此道之妙用，而天下莫能知其初。故曰：「日夜相代乎前，而莫知其所萌。」

已乎，已乎。旦暮得此，其所由以生乎。非彼無我，非我無所取。是亦近矣，而不知其所

爲使。

旦暮自然而然，真宰亦自然而然，我亦自然而然也。然非真宰則我不生，非我則真宰無所著，我即真宰之所使日用焉，而不自悟，豈有所分别乎？此見齊之之意也。故曰：「已乎，已乎。旦暮得此，其所由以生乎。非彼無我，非我無所取。是亦近矣，而不知其所爲使。」

若有真宰，而特不得其眹。

真宰者，至道之妙，宰制造化者也。以其自然，故曰真；以其造制，故曰宰。其爲物也，不在乎陰陽之内，亦不在乎陰陽之外，可以神會，而不可以象求。故曰若有而不得其眹也。

可行已信，而不見其形，有情而無形。

不疾而速，生物而著不可見其眹兆者，真宰也，故曰「可行已信，而不可見其形」。可以意了，而不可以象求，故曰「有情而無形」。

百骸，九竅，六臟，賅而存焉，吾誰與爲親？汝皆説之乎？其有私焉？

手足耳目、心膂肺腸，其不同也如此。我備而有之以爲我，我能無我，則非有一而可親矣。若有可親，則不能備而私矣，適足喪其真也。故曰：「百骸，九竅，六臟，賅而存焉，吾誰與有親？汝皆悅之乎？其有私焉？」

如是皆有爲臣妾乎？其臣妾不足以相治乎？其遞相爲君臣乎？其有真君存焉？如求得其情與不得，無益損乎其真。

真宰者有爲也，真君者無爲也，臣妾上下之分也。上下雖殊，而一之以真君，故曰「其有真君存焉」。人之生也，莫不皆有真君焉，故役役背馳，而不能自悟，是以反喪其真焉。如能求而得之，而知其真君之固有，則所以無虧於真矣。故曰：「如求得其情與不得？無損益乎其真。」

一受其成形，不亡以待盡。與物相刃相靡，其行盡如馳，而莫知能止，不亦悲乎？

造物者之造物，其變無窮，而偶爲我爾。人不自明，而遂爲有我。有我則物於物，而與物相靡刃，役役困苦，而不得休息焉。此真君之所以不存矣。真君之不存，則不亦悲乎？此莊子之所以悲也。

終身役役而不見其成功，薾然疲役而不知其所歸，可不哀邪？人謂之不死，奚益？其形化，其心與之然，可不謂大哀乎？

天下之人不知物我同根，而不能齊，故外役於物，而內喪其真，質雖存而形神已亡。尚不知其所止矣，不亦哀乎？此莊子之所以哀也。然莊子前言悲而此言哀者，悲未至於哀，而哀有甚於悲。言哀，而繼以「人謂不死奚益」之句，此其所可哀也，故言哀於後。夫形者，天之委氣；心者，人之真君。心內而形外，形萬變而無常心，定而不滅，此達者之所以如是。世之迷者，役心於形而喪其真，此所以尤可哀也。故曰：「不謂大哀乎？」

人之生也，固若是芒乎？其我獨芒，而人亦有不芒者乎？

芒者，昧也。人之生也，受形於真宰，而豈曰無知？惟不能自悟，而愈迷愈惑，所以入於無知也，豈天下之人一如此乎？亦有達觀者，在其間爾。故曰：「人之生也，固若是芒乎？其我獨芒，而人亦有不芒者乎？」

夫隨其成心而師之，誰獨且無師乎？奚必知代而心自取者有之？愚者與有焉。

心者，人之真君也。人能不喪其真君，所以謂之成心也。成心既存，而自師之，則與道冥會而與神默契，不必知陰陽代謝而然後謂之得道也。愚者不能知有真君而存之，徒務役形而求道，此其所以自惑也，故終身求之而不知也。

未成乎心而有是非，是今日適越而昔至也。

聖人固其成心，而無是無非，下文所謂以是非爲環得其中者，是也。衆人喪其成心，而有是有非。此之所謂今日適越，而昔至是也。

是以無有爲有。無有爲有，雖有神禹，且不能知，吾獨且奈何哉。

神禹之行水，行其所無事也。行其所無事者，心無所惑也。今人不能存其成心而惑是非，禹尚不能知之也，我獨何以强知〔一〕乎？故曰：「神禹且不能知，吾獨且奈何哉。」

夫言非吹也，言者有言，其所言者特未定也。果有言邪？其未嘗有言邪？其以爲異於鷇音，亦有辯乎？其無辯乎？道惡乎隱而有真僞？言惡乎隱而有是非？道惡乎往而不存？言惡乎存而不可？道隱於小成，言隱於榮華。故有儒墨之是非，以是其所非而非其所是。欲是其所非而非其所是，則莫若以明。物無非彼，物無非是。自彼則不見，自知則知之。故曰彼出於是，是亦因彼。彼是方生之説也，雖然，方生方死，方死方生；方可方不可，方不可方可；因是因非，因非因是。

無新〔二〕成者，大道也；無浮華者，至言也。然而有真僞是非者，由道隱於小成，而言隱於榮華也。道隱於小成則不全，言隱於榮華則不實。是以有儒墨之是非，而所以不齊也。

〔一〕「知」，四庫本作「之」。

〔二〕「新」，四庫本作「小」。

是以聖人不由，而照之于天，亦因是也。

聖人内冥諸心而不由是非之塗，而任其自然而然，是以無是無非也。故曰：「聖人不由，而照之于天，亦因是也。」

是亦彼也，彼亦是也。彼亦一是非，此亦一是非。果且有彼是乎哉？果且無彼是乎哉？彼是莫得其偶，謂之道樞。

大道同宗，是非一氣，忘彼與我，則舉忘其對，所以運轉而無窮也。故曰：「彼是莫得其偶，謂之道樞。」

樞始得其環中，以應無窮。是亦一無窮，非亦一無窮也。故曰莫若以明。以指喻指之非指，不若以非指喻指之非指也；以馬喻馬之非馬，不若以非馬喻馬之非馬也。天地一指也，萬物一馬也。

彼指此指，彼馬此馬，其不同者形，而其所同者質，安得有所不齊乎？天地雖異而同出於道，萬物雖殊而亦出於道。但天地殊高下之形，萬物異小大之體，其所出同於本而已，安得有所不齊也？故曰：「天地一指，萬物一馬。」然莊子以天地而喻一指，以萬物而喻一馬者，以天地静而得道之體，而萬物動而得道之用也。

可乎可，不可乎不可。道行之而成，物謂之而然。惡乎然？然於然。惡乎不然？不然於

不然。物固有所然，物固有所可。無物不然，無物不可。故爲是舉莛與楹，厲與西施，恢恑憰怪，道通爲一。

大道無可與不可，無然與不然，無成與不成，無美與不美，渾然爲一而莫不由之然，而人不知道而妄情所見，然後有可與不可，有然與不然，有成與不成，有美與不美，所以自致疑累矣。此莊子所以明達者能通而爲一也。

其分也，成也；其成也，毁也。凡物無成與毁，復通爲一。唯達者知通爲一，爲是不用而寓諸庸。庸也者，用也；用也者，通也；通也者，得也；適得而幾矣。因是已。已而不知其然，謂之道。

不偏見，不滯礙，曉然洞徹而冥於至理者，此莊子之所謂達者也。雖然，不廢萬物之成毁，而但寄之常用而不自有，故曰「寓諸庸」也。庸則濟天下之用，而無所往而不通矣。無所往不通，則所以爲得道。故曰：「通也者，得也，適得而幾矣。」幾者，近而未至也。

勞神明爲一而不知其同也，謂之朝三。何謂朝三？曰狙公賦芧，曰：「朝三而暮四」，衆狙皆怒。曰：「然則，朝四而暮三」，衆狙皆悦。名實未虧而喜怒爲用，亦因是也。

朝四而暮三，何異朝三而暮四，衆狙妄情而喜怒於其間，其所以爲惑也。天下之人妄情，何異衆狙乎？此所以不免於惑也。

是以聖人和之以是非而休乎天鈞，

聖人忘是非，任自然，萬法一視而無高下，此所以能齊物也。故曰：「聖人和之以是非休乎天鈞，是之謂兩行。」

是之謂兩行。古之人，其知有所至矣。惡乎至？有以爲未始有物者，至矣，盡矣，不可以加矣。其次以爲有物矣，而未始有封也。[一] **其次以爲有封焉，而未始有是非也。是非之彰也，道之所以虧也。道之所以虧，愛之所以成。果且有成與虧乎哉？果且無成與虧乎哉？有成與虧，故昭氏之鼓琴也；無成與虧，故昭氏之不鼓琴。**

有是非則道所以虧，無是非則道所以全，此莊子所以寓言昭氏鼓琴不鼓琴也。

昭文之鼓琴也，師曠之枝策也，惠子之據梧也，三子之知幾乎，皆其盛者也，故載之末年。唯其好之也，以異於彼，其好之也，欲以明之。彼非所明而明之，故以堅白之昧終。而其子又以文之綸終，終身無成。若是而可謂成乎？雖我亦成也。若是而不可謂成乎？物與我無成也。

[一] 此句原脱，據四庫本、《二十二子》本補。

昭文之鼓琴，師曠之枝策，惠子之據梧，三子者，不知大道之無形，大音之希聲。但冥於至理，則然後方得，何必勞形極慮而求之歟？此所以終身無成也。

是故滑疑之耀，聖人之所圖也。爲是不用而寓諸庸，此之謂以明。

滑疑者，胸中惑亂而不果也。胸中惑亂而不果，則徒衒明於外而耀衆矣，此非窮理盡性之人也。惟聖人不棄而寓諸用，以大覺覺之而明也。故曰「滑疑之耀，聖人之所圖也。爲是不用而寓諸庸，此之謂以明」也。

今且有言於此，不知其與是類乎？其與是不類乎？類與不類，相與爲類，則與彼無以異矣。雖然，請嘗言之。有始也者，有未始有始也者，有未始有夫未始有始也者。有有也者，有無也者，有未始有無也者，有未始有夫未始有無也者。俄而有無矣，而未知有無之果孰有孰無也。今我則已有謂矣，而未知吾所謂之其果有謂乎？其果無謂乎？天下莫大於秋毫之末，而太山爲小；莫壽乎殤子，而彭祖爲夭。天地與我並生，而萬物與我爲一。既已爲一矣，且得有言乎？既已謂之一矣，且得無言乎？

秋毫、太山、殤子、彭祖、天地、萬物，俱爲有形也。有形則可以忘形而齊諧也。夫知道者，不死而不生，故天地與之並生也。無方而無體，萬物與之爲一也。物既與之爲一矣，所以不必有言也。故曰：「既爲一矣，且得有言乎？」

一與言爲二，二與一爲三。自此以往，巧歷不能得，而況其凡乎？故自無適有以至於三，而況自有適有乎？無適焉，因是已。

有言則有對，故一與言所以爲二也。二與一相對，則所以生於萬物也，此道之所以散也。

夫道未始有封，言未始有常，爲是而有畛也，請言其畛：有左，有右，有倫，有義，有分，有辯，有競，有争，此之謂八德。六合之外，聖人存而不論；六合之内，聖人論而不議。春秋經世先王之志，聖人議而不辯。故分也者，有不分也；辯也者，有不辯也。曰：何事〔一〕也？聖人懷之，衆人辯之以相示也。故曰辯也者有不見也。

大道渾然而無方，至言寂然而無辯；道散而然後有分域，言出而然後有是非。惟聖人明其物之性分而不議不辯，所以能冥其極也。故曰「六合之外，聖人存而不論；六合之内，聖人論而不議。春秋經世」，「聖人議而不辯」也。

夫大道不稱，大辯不言，大仁不仁，大廉不嗛，大勇不忮。道昭而不道，言辯而不及，仁常而不成，廉清而不信，勇忮而不成。五者园而幾向方矣。故知止其所不知，至矣。

〔一〕「事」，四庫本、《二十二子》本均無。

大道寂然，難可强名，故曰不稱。大辯默識，不假〔二〕分別，故曰不言。大仁博愛，無所偏係，故曰不仁。大廉無外，不加不損，故曰不嗛。大勇本仁，豈有殺害，故曰不忮。大道自明，則非道矣，故曰「道昭而不道」。言辯則是非有彰矣，故曰「言辯而不及」。仁於一物，則仁虧矣，故曰「仁常而不成」。廉而揚清，則爲詐矣，故曰「廉清而不信」。勇而好殺，則勇虧矣，故曰「勇忮而不成」。五者挫其鋭，則幾近於妙術，故曰：「五者园而幾向方矣。」

孰知不言之辯，不道之道？若有能知，此之謂天府。

不言之辯，大辯也；不道之道，大道也。大辯無物不容，而大道無物不由，故曰天府。天府者，物之所藏也。

注焉而不滿，酌焉而不竭，而不知其所由來，此之謂葆光。

注焉而不滿，酌焉而不竭者，此孟子所謂不加不損，而佛氏所謂不增不減是也。夫莊子有言葆光，有言天光，何也？以至人之性廓然無邊，而愈久愈明，故曰葆光。以至人德宇泰然一定，而其明自然，故曰天光也。葆者以其愈久，而天者以其自然。

〔二〕「假」，四庫本作「暇」。

故昔者堯問於舜曰：「我欲伐宗、膾、胥敖，南面而不釋然。其故何也？」舜曰：「夫三子者，猶存乎蓬艾之間。若不釋然，何哉？昔者十日並出，萬物皆照，而況德之進乎日者乎？」

聖人無我而物無不順，儻有不順，則不得不伐，此老子所以有用兵有言之章，而莊子所以有堯伐宗、膾、胥敖之言也。夫無我者，與物齊也。物不我齊，則不諧矣。不諧，而聖心豈得自安歟？此堯之所以南面而不釋然也。

齧缺問乎王倪曰：「子知物之所同是乎？」曰：「吾惡乎知之。」「子知子之所不知邪？」曰：「吾惡乎知之。」「然則物無知邪？」曰：「吾惡乎知之。雖然，嘗試言之：庸詎知吾所謂知之非不知邪？庸詎知吾所謂不知之非知邪？

齧缺者，道之不全也。王倪者，道之端也。莊子欲明道全與不全而與端本，所以寓言於二子也。夫子知物之所同是者，此明齊一之理而故以此言而爲問端也。「雖然，嘗試言之」者，蓋不得已而言之。言之非欲辯也，萬物同根皆自知矣，以知爲知則非知矣，以不知爲知則深知矣。齧缺問於知之者，是以知爲知，而反不知矣。

且吾嘗試問乎汝：民濕寢則腰疾偏死，鰌然乎哉？木處則惴慄恂懼，猨猴然乎哉？三者

孰知正處？民食芻豢，麋鹿食薦，蝍蛆〔二〕甘帶，鴟鴉耆鼠，四者孰知正味？猨猵狙以爲雌，麋與鹿交，鰌與魚游。毛嬙麗姬，人之所美也；魚見之深入，鳥見之高飛，麋鹿見之決驟。四者孰知天下之正色哉？

正處者，不待處處，而然後爲處；正味者，不待味味，而然後爲味也；正色者，不待〔三〕色色，而然後爲色也，此皆以無爲是矣。

自我觀之，仁義之端，是非之塗，樊然殽亂，吾惡能知其辯？」

大道全則無仁義，大智隱則無是非。道廢而然後有仁義，智顯而然後有是非，故王倪得道之全而不用智。以此見仁義之端，是非之塗，樊然殽亂矣。

齧缺曰：「子不知利害，則至人固不知利害乎？」王倪曰：「至人神矣。大澤焚而不能熱，河漢沍而不能寒，疾雷破山風振海而不能驚。若然者，乘雲氣，騎日月，而遊乎四海之外。死生無變於己，而況利害之端乎？」

至人無己，與物爲一，而物莫敢犯，故水火不能傷，寒暑不能挫，風雷不能動。是以躡空虛，御陰陽，出於形器之外，而始終不易其守也，憂樂豈足累其心？故曰：「大

〔二〕「蛆」，原作「且」，據四庫本改。
〔三〕「待」，原作「侍」，據四庫本改。

澤焚而不能熱，河漢沍而不能寒，疾雷破山風振海而不能驚。若然者，乘雲氣，騎日月，而游乎四海之外。死生無變於己，而況利害之端乎？」

瞿鵲子問乎長梧子曰：「吾聞諸夫子，聖人不從事於務，不就利，不違害，不喜求，不緣道；無謂有謂，有謂無謂，而遊乎塵垢之外。夫子以爲孟浪之言，而我以爲妙道之行也。吾子以爲奚若？」長梧子曰：「是黃帝之所聽熒也，而丘也何足以知之。且女亦大早計，見卵而求時夜，見彈而求鴞炙。予嘗爲女妄言之，女以妄聽之，奚？旁日月，挾宇宙？爲其脗合，置其滑涽，以隸相尊。

聖人體道，恬然無爲，動不役物而處不避患，萬物皆備於己而不樂外，求至道與之爲一，而豈假緣行無能爲有，有能爲無？居于清净之極，而污穢不能染矣。故曰：「聖人不從事於務，不就利，不違害，不喜求，不緣道；無謂有謂，有謂無謂，而游乎塵垢之外。」旁日月者，所謂一晝夜也；挾宇宙者，所謂齊遠近也。

衆人役役，聖人愚芚，

衆人有我，物於物而爲物所役，故曰役役。聖人無我，不物物而與物爲一，故曰愚鈍。

參萬歲而一成純。萬物盡然，而以是相藴。予惡乎知説生之非惑邪？予惡乎知惡死之

非弱喪而不知歸者邪？麗之姬，艾封人之子也。晉國之始得之也，涕泣沾襟；及其至於王所，與王同筐牀，食芻豢，而後悔其泣也。予惡乎知夫死者不悔其始之蘄生乎？夢飲酒者，旦而哭泣；夢哭泣者，旦而田獵。方其夢也，不知其夢也。夢之中又占〔二〕其夢焉，覺而後知其夢也。且有大覺而後知此其大夢也，而愚者自以爲覺竊竊然知之。君〔三〕乎，牧乎，固哉。丘也與女，皆夢也；予謂女夢，亦夢也。是其言也，其名爲弔詭。萬世之後而一遇大聖，知其解者，是旦暮遇之也。既使我與若辯矣，若勝我，我不若勝，若果是也，我果非也邪？我勝若，若不吾勝，我果是也，而果非也邪？其或是也，其或非也邪？其俱是也，其俱非也邪？我與若不能相知也，則人固受其黮闇，吾誰使正之？使同乎若者正之？既與若同矣，惡能正之？使同乎我者正之？既同乎我矣，惡能正之？使異乎我與若者正之？既異乎我與若矣，惡能正之？使同乎我與若者正之？既同乎我與若矣，惡能正之？然則我與若與人俱不能相知也，而待彼也邪？」「何謂和之以天倪？」曰：「是不是，然不然。是若果是也，則是之異乎不是也，亦無辯；然若果然也，則然之異乎不然也，亦無辯。化聲之相待，若其不相待。和之以天倪，因之以曼衍，所以窮年也。忘年忘

〔二〕「占」，原作「沾」，據四庫本、《二十二子》本改。
〔三〕「君」下原衍「子」字，據四庫本、《二十二子》本删。

義，振於無竟，故寓諸無竟。」罔兩問景曰：「曩子行，今子止[一]；曩子坐，今子起。何其無特操與？」景曰：「吾有待而然者邪？吾所待又有待而然者邪？吾待蛇蚹蜩翼邪？惡識所以然。惡識所以不然。」昔者莊周夢爲胡蝶，栩栩然胡蝶也，自喻適志與。不知周也。俄然覺，則蘧蘧然周也。不知周之夢爲胡蝶與，胡蝶之夢爲周與？周與胡蝶，則必有分矣。此之謂「物化」。

參萬歲而一成純者，此言齊之之妙也。夫莊子齊物之篇，始之以無彼我、同是非、合成毀、一多少、齊小大而已，及其言之至，則次之以參年歲、一生死、同夢覺、千變萬化而歸于一致，所謂明達而無礙者也。夫物之不齊，物之所同，然也。莊子能明其本而齊同之，是覺天下之未覺也。然而物我齊之，則可也，至于夢覺，則何以同之歟？夫晝之所爲與夜之所夢，一也，然晝以覺，夜以寐，而小有不同也。積久而思，則晝所爲，夜所夢，茫然無所分别矣。莊子能知其大同而同之，故反復言其方夢、占夢、大覺、大夢之妙，而所以[二]盡其齊之之意。又恐世之未能信其言也，復寓言其身

[一]「止」，原作「正」，據四庫本、《二十二子》本改。
[二] 四庫本「所以」在下文「齊」字上。

夢爲胡蝶，又言其不知周之夢爲胡蝶，胡蝶之夢爲周，所以極盡其齊同之意，而以覺於天下。非達觀者，豈能知莊子之所言矣？

南華真經新傳卷之三

宋王元澤傳

養生主篇

夫齊物者必無我，無我者必無生，無生所以爲養生之主，而生之所以存，此莊子作《養生主》之篇，而次之於《齊物》也。

吾生也有涯，而知也無涯。以有涯隨無涯，殆已；已而爲知者，殆而已矣。

生者，天之委和也。天地之委和，於人素定其分，而不過其極，故曰「吾生也有涯」。役於富貴，悦於榮寵，思慮交萌，而妄情無限，故曰「智也無涯」。以有涯之生，而隨無涯之智，則生之所以不存矣。生之所以不存，則安足以免困苦之累歟？故曰「殆已」。

爲善無近名，爲惡無近刑。緣督以爲經，可以保身，可以全生，可以養親，可以盡年。

善養生者，内冥其極，而任其自然，忘善與惡，則所以遠於刑名矣。不善養生者，思慮内萌而以善爲善，以惡爲惡，所以近於刑名矣。遠刑名則生所以全，近刑名則生所以喪，緣督以爲經，所謂道中庸也。夫至人之養生不役物，不喪真，不擇地，不害性而已。故不役物則可以保身，不喪真則可以全生，不擇地則可以事親，不害性則可以盡年，此皆存諸己而已。

庖丁爲文惠君解牛，手之所觸，肩之所倚，足之所履，膝之所踦，砉然嚮然，奏刀騞然，莫不中音，合於桑林〔一〕之舞，乃中經首之會。文惠君曰：「譆，善哉。技蓋至此乎？」庖丁釋刀對曰：「臣之所好者道也，進乎技矣。始臣之解牛之時，所見無非牛者。三年之後，未嘗見全牛也。方今之時，臣以神遇而不以目視，官知止而神欲行。依乎天理，批大郤，導大窾，因其固然。技經肯綮之未嘗，而況大軱乎。良庖歲更刀，割也；族庖月更刀，折也。今臣之刀十九年矣，所解數千牛矣，而刀刃若新發於硎。彼節者有間，而刀刃者無厚；以無厚入有間，恢恢乎其於遊刃必有餘地矣，是以十九年而刀刃若新發於硎。雖然，每至於族，吾見其難爲，怵然爲戒，視爲止，行爲遲。動刀甚微，謋然已解，如土委地。提刀而立，爲之四顧，爲之躊躇滿志，善刀而藏之。」文惠君曰：「善哉。吾聞庖丁之言，

〔一〕「林」，原作「木」，據四庫本、《二十二子》本改。

得養生焉。」

夫生必有理，而理出於性命之際，能順其理，則舉知其全生之妙。此庖丁之解牛，能依牛之天理，而所以舉不見其全牛也。然庖丁寓言養生於解牛，必言其三年，而又言其十九年者，蓋言陰陽之數，雖更而生之，所以愈全也。故曰「未嘗見全牛」，又曰「刀刃若新發於硎」。夫庖丁之能解牛者，以其善刀故也。善刀者，全其刀之利，韜藏而不銜也，故曰「善刀而藏之」。所以況養生者，必全其生之之理而歸之，老子所謂「全而歸之」，是也。文惠君遽悟庖丁之言而知養生，所謂庶幾於道也。

公文軒見右師而驚曰：「是何人也？惡乎介也。天與，其人與？」曰：「天也，非人也。天之生是使獨也，人之貌有與也。以是知其天也，非人也。」

生者，本也；形者，枝也。本固而枝缺，則亦可以爲全。此右師雖介而生所以全，公文軒徒驚其形也。

澤雉十步一啄，百步一飲，不蘄畜乎樊中。神雖王，不善也。

雉飲啄於野澤，則忘形而樂生；畜乎樊中，則養形而傷生。樂生則神所以全，養形則生所以喪，生之喪則未免乎憂累，故曰「不善也」。

老聃死，秦失弔之，三號而出。弟子曰：「非夫子之友邪？」曰：「然。」「然則弔焉若

此，可乎？」曰：「然。始也吾以爲其人也，而今非也。向吾入而弔焉，有老者哭之，如哭其子；少者哭之，如哭其母。彼其所以〔二〕**會之，必有不蘄言而言，不蘄哭而哭者。是遁天倍情，忘其所受，古者謂之遁天之刑。**

至人以生之爲暫來，以死之爲暫往，生不喜其成，而死不悲其毀。然老聃死，而秦失弔之而三號者，非所以哀其毀，而蓋不能獨異於衆也。

適來，夫子時也；適去，夫子順也。

夫至人忘情全真，汎然自得，生死利害未嘗介蔕於胸中，故適來則爲時，適去而能順，時不爲之樂，而順不爲之哀，此生之所以生生而無喪也。

安時而處順，哀樂不能入也，古者謂是帝之縣解。

天者，命也，命之所受於人，不可逃遁而已。逃其命，則累其生，適自致於憂患矣，故曰「遁天之刑」也。帝，亦命也，命無係著則憂患不能累其生，故曰「帝之縣解」也。養生者必達乎二者之妙矣。

指窮於爲薪，火傳也，不知其盡也。

〔二〕「以」，原脱，據四庫本、《二十二子》本補。

以薪繼薪，則火不能滅，知生養生，則生不能絶；不滅則火所以傳，不絶則生所以久，所以無時而盡也，故曰「不知其盡也」。夫莊子之言養生，始乎有涯，而終乎不盡者，以性命受之有分，而能不累於榮辱利害，則生之所以不喪而無極矣。所以終於不盡也。非明達者，孰與於此乎？

人間世篇

善養生者，必自得於性命之際而無思無爲也。無思無爲，則足以處人間，應世變，而憂患不足以累之。此莊子作《人間世》之篇，而次之於《養生》也。

顔回見仲尼，請行。曰：「奚之？」曰：「將之衛。」曰：「奚爲焉？」曰：「回聞衛君，其年壯，其行獨；輕用其國，而不見其過；輕用民死，死者以國量乎澤若蕉，民其無如矣。回嘗聞之夫子曰：『治國去之，亂國就之，醫門多疾。』願以所聞思其則，庶幾其國有瘳乎？」仲尼曰：「譆，若殆往而刑耳。

天下之事變不一，非經世者，不足與之應對酬酢矣。夫經世者，本無我。無我，則無思無爲，而患禍不能及之矣，故仲尼者，無我也。無我，則己見無對，故〔二〕當天下之至變，處天下之至難，則寂然不動，而無纖毫之累。顔回者，克己也。克己則未至於無我，當衛君之輕用其國民，則介然自動而欲以所聞〔三〕説之，而幾不免於累。夫仲尼之無我，則無思無爲也。顔回之克己，則有思有爲也。有思卒至於無思，有爲卒至於無爲，此顔回終至於未始有回也。未始有回者，亦無我也。此二人足以爲萬世法。莊子所以首於此篇而稱之也。

夫道不欲雜，雜則多，多則擾，擾則憂，憂而不救。

道集於虚而生於一。一者，道之妙本矣。夫能抱一，則足以爲天下式，故曰「道不欲雜」。不能抱一，則支離而百端，故曰「雜則多」。惑於百端，則心不自止，故曰「多則擾」。心不自止，則未免於憂累，故曰「擾則憂」。未能自免於憂累，則豈能去他人之憂累乎？故曰「憂而不救」。此皆有思有爲之致也。

古之至人，先存諸己而後存諸人。所存於己者未定，何暇至於暴人之所行。且若亦知夫德之所蕩而知之所爲出乎哉？德蕩乎名，知出乎争。名也者，相軋也；知也者，争之器

〔二〕「故」，原作「於」，據四庫本改。
〔三〕「聞」，原作「間」，據四庫本及前引《莊子》原文改。

也。二者凶器，非所以盡行也。

聖人無名，所以無爲；無智，所以無得。無爲則物莫不歸，無得則物莫與競。常人好名用智，而所以有爲有得也。有爲則物不相服，有得則物必與競。故曰：「名也者，相軋也。智也者，争之器也。」

且得厚信矼，未達人氣，名聞不争，未達人心。而彊以仁義繩墨之言術暴人之前者，是以人惡有美也，命之曰菑人。菑人者，人必反菑之，若殆爲人菑夫？且苟爲悦賢而惡不肖，惡用而求有以異？若唯無詔，王公必將乘人而鬬其捷。而目將熒之，而色將平之，口將營之，容將形之，心且成之。是以火救火，以水救水，名之曰益多。順始無窮，若殆以不信厚言，必死於暴人之前矣。

目將熒之者，所謂眸子眊焉是也；色將平之者，所謂色赧赧焉是也；口將營之者，所謂騰口之説是也；容將形之者，所謂以爲容悦是也；心且成之者，所謂役心從物是也。此皆不存諸己之累矣。

且昔者桀殺關龍逢，紂殺王子比干，是皆脩其身以下傴拊人之民，以下拂其上者也，故其君因其脩以擠之。是好名者也。昔者堯攻叢枝、胥敖，禹攻有扈，國爲虚厲，身爲刑戮，其用兵不止，其求實無已。是皆求名實者也，而獨不聞之乎？名實者，聖人之所不能勝

也，而況若乎？

名實者，虛器也。聖人豈有心而求之歟？故寂默無爲，而聲迹俱泯，凶患不可及之矣，此堯、禹之所能處天下也。昧者不知其然，而深求於名實。名實雖立，而凶患繼至，此叢敖、有扈之所以自喪其國也，故曰「是皆求名實者也」。夫聖人之忘名實，名實忘而所以無我，於天下萬物豈能累我乎？使聖人不忘於名實，則名實立而有我，於天下萬物交至而爲累，聖人豈能勝之歟？故曰：「名實者，聖人之所不能勝也，而況若乎？」

雖然，若必有以也，嘗以語我來。」顏回曰：「端而虛，勉而一，則可乎？」曰：「惡，惡可。夫以陽爲充孔揚，采色不定，常人之所不違，因案人之所感，以求容與其心，名之曰日漸之德不成，而況大德乎？將執而不化，外合而內不訾，其庸詎可乎？」

端而虛，勉而一，此內外雖正而由有內外之別。夫有內外者，必有諸身，有諸身則未免於患。老子曰：「吾有大患爲吾有身。」此顏回未能忘我也，故仲尼告之以「其庸詎可乎」。

「然〔一〕則我内直而外曲，成而上比。内直者，與天爲徒。與天爲徒者，知天子之與己皆天之所子，而獨以己言蘄乎而人善之，蘄乎而人不善之邪？若然者，人謂之童子，是之謂與天爲徒。外曲者，與人之〔二〕爲徒也。擎跽曲拳，人臣之禮也，人皆爲之，吾敢不爲邪？爲人之所爲者，人亦無疵焉，是之謂與人爲徒。成而上比者，與古爲徒，其言雖教，讁之實也。古之有也，非吾有也。若然者，雖有不爲病，是之謂與古爲徒。若是則可乎？」仲尼曰：「惡，惡可。大多政法而不諜，雖固亦無罪。雖然，止是耳矣，夫胡可以及化。猶師心者也。」

内直外曲，成而上比者，雖與天人上古爲徒，而未得爲無身也。未得爲無身者，未得爲無我也。此仲尼由荅之以烏可。夫至人外無我而内無心〔三〕，體合太虚而不可得有，故能使萬物俱化矣。若與天人上古爲徒，則未合於太虚，烏能使萬物自化乎？故曰「胡可以及化」。故無心於物，則物莫不從；有心於化，則化未必及。顔回欲化衛君也，尚爲有心而已矣。故仲尼告之以「猶師心者也」。

〔一〕四庫本「然」上有「曰」字。
〔二〕「之」，四庫本無。
〔三〕「夫至人外無我而内無心」，四庫本作「夫至人内無我而外無心」。

顔回曰：「吾無以進矣，敢問其方。」仲尼曰：「齋，吾將語若。有而爲之，其易邪？易之者，暤天不宜。」顔回曰：「回之家貧，唯不飲酒不茹葷者數月矣。若此則可以爲齋乎？」曰：「是祭祀之齋，非心齋也。」回曰：「敢問心齋。」仲尼曰：「若一志，無聽之以耳而聽之以心，無聽之以心而聽之以氣。聽止於耳，心止於符。

志一則心鑑定而思慮澄，廓然空虚而至道自集也，故曰「一志」。夫中既空虚，而道集非由外知而由於内得也，故曰「無聽之耳而聽之心」。心既得之，則然後以氣而得之也，故曰「無聽之以心而聽之以氣」。如此，則至道集于己，而推其緒餘而可化於人矣。然至道不可以情求，必先精其聰聽矣，故曰「聽止於耳」。耳者，體也。體既得之，則合於心，心既得之，則合於氣，故曰「氣止於符」。

氣也者，虚而待物者也。唯道集虚。虚者，心齋也。」顔回曰：「回之未始得使，實自回也；得使之也，未始有回也；可謂虚乎？」夫子曰：「盡矣。

齋者，《易》所謂「齋戒以神明其德」是也。夫齋則將以有思，而戒則將以有爲。孔子將使顔回受其説，故使之心齋而已矣。故曰：「虚者，心齋也。」然虚者，一也；齋者，静也。一則足以應萬變，静則足以制羣動。如此則可以化人矣。夫心齋，本於無我無心也。此顔回悟心齋之言而遂忘於己也，故曰「未始有回也」。未始有回，則亦可以經世矣。

吾語若。若能入遊其樊而無感其名，入則鳴，不入則止。

得至虛之妙者，雖處於天地之間，而泯然絶於聲聞也。故曰：「若能入遊其樊而無感其名。」夫無感其名，則沖寂也。物來則然後應，不來則不自動，譬由人籟受氣則鳴，氣止則息也。故曰：「入則鳴，不入則止。」

無門無毒，

無門者，善閉也；無毒者，不治也。善閉所以藏用，不治所以顯仁，此任其自然而然也。

一宅而寓於不得已，則幾矣。

體全至虛，抱一自處，無心於物，而物來則應，不得已而然後起，至道所謂盡之矣。故曰：「一宅而寓於不得已，則幾矣。」

絶迹易，無行地難。

泯然無爲，高世而絶迹，則聖人所以爲易也；超然有爲，經世而無患，則聖人所以爲難也。故曰：「絶迹易，無行地難。」

爲人使易以僞，爲天使難以僞。

人者，使然也；天者，自然也。使然可以欺，而自然不可詐。故曰：「爲人使易以僞，爲天使難以僞。〔一〕」

聞以有翼飛者矣，未聞以無翼飛者也；聞以有知知者矣，未聞以無知知者也。瞻彼闋者，虛室生白，吉祥止止。

室虛則所以自白，心虛則所以自靜。靜則定，而性命之情不動矣，然後吉祥所以來舍也。故曰：「瞻彼闋者，虛室生白，吉祥止止。」

夫且不止，是之謂坐馳。

心不虛，則不止。不止，則不定。不定，則所以偏法界，役萬物而不能息。形雖坐，而心實馳也。故曰：「夫且不止，是謂坐馳。」

夫徇耳目內通而外於心知，鬼神將來舍，而況人乎。

耳目，外也；心智，內也。惟能忘我，則超然自得。耳目非必在外，而心智非必在內。體與化合，而理與神契，況人間焉有不化乎？故曰：「夫徇耳目內通而外於心知，鬼神將來舍，而況人乎？」

〔一〕「僞」，原作「爲」，據四庫本及前引《莊子》原文改。

是萬物之化也，禹舜之所紐也，伏戲几蘧之所行終，而況散焉者乎？」

體合至虚則可以使萬物之化，故曰「是萬物之化也」。禹舜有爲之名，羲蘧無爲之至，有爲無爲均是至妙，道至此而渾合，而不解散，聖人終始於其間也。夫道，合則渾而至妙，離則散而猶精；得其渾，則足以任之自化，得其散，則亦可使之入化矣。故曰：「禹舜之所紐也，伏羲几蘧之所行終，而況散焉者乎？」

葉公子高將使於齊，問於仲尼曰：「王使諸梁也甚重，齊之待使者，蓋將甚敬而不急，匹夫猶未可動也，而況諸侯乎。吾甚慄之。子嘗語諸梁也曰：『凡事若小若大，寡不道以歡成。事若不成，則必有人道之患；事若成，則必有陰陽之患。若成若不成而後無患者，唯有德者能之。』吾食也執粗而不臧，爨無欲清之人。今吾朝受命而夕飲冰，我其内熱與？吾未至乎事之情，而既有陰陽之患矣；事若不成，必有人道之患。是兩也，爲人臣者不足以任之，子其有以語我來。」

經世之道必先於忘身，而其次在信命，故忘身則至於無我，而信命則任其自然。如此，則憂患不足以累之。此莊子於《人間世》之篇，首言顔回之化衛，而次言葉公子高之使齊也。夫子高之使齊，而仲尼告之以義命，此賢人之事而已，所以降於顔回而言之。至于顔闔之傅衛太子，匠石之見齊櫟社，子綦觀商丘之大木，此皆有思有爲之事也，故第降一等而言之。《人間世》之説無以復加矣，此莊子爲言盡道如此矣。

仲尼曰：「天下有大戒二：其一，命也；其一，義也。子之愛親，命也，不可解於心；臣之事君，義也，無適而非君也，無所逃於天地之間。是之謂大戒。

有天地，然後有父子；有父子，然後有君臣。父子君臣之道立，則萬事起。萬事起而不可以不慎，故曰「大戒」。夫父子，内也；君臣，外也。内焉者，主於命；而外焉者，主於義。命所以無間，而義所以立我。無間則不間於親，立我則能立於君。親不可違，而故曰「不可解於心」。君不可避，而故曰「無適而非君也」。夫内事父而外事君，是有諸身而已。有諸身，必有諸事，不可遁去而已矣。故曰不可逃於天地之間。此事之自然，而惟能順其自然，則免於憂累矣。

是以夫事其親者，不擇地而安之，孝之至也；事其君者，不擇事而安之，忠之盛也；

不擇地而安之者，所謂安土也；不擇事而安之者，所謂不辭難也。安土故能愛，不辭難故能誠，愛必孝而誠必忠，臣子之道盡於此。故曰「孝之至」，「忠之盛」也。至者次於盛，而盛者廣於至。

自事其心者，哀樂不易施乎前，知其不可奈何而安之若命，德之至也。

夫子之事父，知其有命；臣之事君，知其有義。守之於心而順其自然，則悲喜不足以動也。故曰：「自事其心者，哀樂不易施於前。」夫哀樂者，心本無有而惟外物之所致，能守其心而忘於哀樂，則達於義命之極，而死生所以安之也，故曰「德之至也」。

爲人臣子者，固有所不得已。行事之情而忘其身〔一〕**，何暇至於悦生而惡死？夫子其行可矣。**

臣子之事君親，能安於命，則忘身。忘身，則生死不介於胸中，故曰「何暇至於悦生而惡死」也。

丘請復以所聞：凡交近則必相靡以信，遠則必忠之以言，言必或傳之。夫傳兩喜兩怒之言，天下之難者也。

喜出於不喜，怒出於不怒，則其言所以盡誠也；喜出於喜，而怒出於怒，則其言所以非誠也。盡誠之言有法度，而非誠之言多過溢。過溢之言，傳之者非易也。故曰：「傳兩喜兩怒之言，天下之至難也。」

〔一〕「其身」，原脱，據四庫本、《二十二子》本補。

夫兩喜必多溢美之言，兩怒必多溢惡之言。凡溢之類也妄，妄則其信之也莫，莫則傳言者殃。故法言曰：『傳其常情，無傳其溢言，其幾乎全。』且以巧鬬力者，始乎陽，常卒乎陰，泰至則多奇巧；以禮飲酒者，始乎治，常卒乎亂，泰至則多奇樂。

以巧鬬力卒乎陰，以禮飲酒卒乎亂，是皆已甚之事也。故曰「泰至則多奇巧」「多奇樂」。此聖賢不爲而已矣。

凡事亦然。始乎諒，常卒乎鄙；其作始也簡，其將畢也必巨。言者，風波也；行者，實喪也。夫風波易以動，實喪易以危。

孔子曰「予欲無言」，聖人豈欲强言乎？蓋無言者，物不能擾，而有言者，物所以應，應則所以不静矣。故曰：「言者，風波也。」無所行則迹所以藏，有所行則迹所以顯，迹顯於外而真亡於内矣。故曰：「行者，實喪也。」夫不静則至于動，真亡則難以安。故曰：「風波易以動，實喪易以危。」

故忿設無由，巧言偏辭。獸死不擇音，氣息茀然，於是並生心厲。

夫處心於寂然無事之際，則和聲内藴而夜氣自存，達於性命之理，而動静正順矣；若蹴之於紛然憂患之際，則天真茀亂而夜氣不存，違於性命之理，而舉措乖迕矣。故曰：「獸死不擇音，氣息茀然，於是並生心厲。」

剋核太至，則必有不肖之心應之，而不知其然也。苟爲不知其然也，孰知其所終。

夫至人藏天真，晦心術，不期爲而自爲，不必應而自應；静與物同而動與吉會，儻衍聰明，務精察用。心太過，則舉措有不肖之累，而禍患之來不知其所招，而又不知其終極也。故曰：「剋核太至，則必有不肖之心應之，而不知其然也。苟爲不知其然也，孰知其所終。」

故法言曰：『無遷令，無勸成，過度益也。』

人臣之道顧於義而已，奉君之令則無改，格君之非而無成，故曰「無遷令，無勸成」。然既不遷令、勸成，而不能任其自然；而違理以益上，則所謂揠苗而助長也，故曰「過度益也」。

遷令勸成殆事，美成在久，惡成不及改，可不慎歟？

美者，充實；惡者，自戕。充實自戕皆所以無虧也。故曰：「美成在久，惡成不及改。」充實非一朝之所致，故言在久；自戕不可革而已，故言不及改。有美有惡，則不若無美無惡也，故曰「可不慎歟」。

且夫乘物以遊心，託不得已以養中，至矣。何作爲報也？莫若爲致命。此其難者。」

至人無心，乘萬物以爲心，來去無礙，而不居其一，所謂遊心者也。既乘物以爲心，則無爲而已矣。若其有爲，則非得已，而有爲是不得已而後應也。然不得已而後應，又能去其已甚而存于中，所以全於道也。故曰：「乘〔一〕萬物以爲心，託不得已以養中，至矣。」爲臣如此，則盡道矣。此子高賢而仲尼終告之以至人之道也。

顏闔將傳衛靈公太子，而問於蘧伯玉曰：「有人於此，其德天殺。與之爲無方，則危吾國；與之爲有方，則危吾身。其知適〔二〕足以知人之過，而不知其所以過。若然者，吾奈之何？」

天生賢智，所以輔于不賢不智矣。賢智者，衒其賢智，則不賢不智者，起而爲累矣。惟能內冥賢智而外與物同，則亦足免當世之患。此顏闔之傅衛太子，而蘧伯玉告之以信理晦默之義，故次於子高之事而言之也。

蘧伯玉曰：「善哉問乎。戒之，慎之，正汝身哉。

孟子曰：「枉己者，未有能正人者也。」夫欲正於人者，必先正於己。己正而人亦自正。此蘧伯玉答顏闔之問，而先之以正汝身也。

形莫若就，心莫若和。雖然，之二者有患。就不欲入，和不欲出。

〔一〕「乘」，原作「米」，據四庫本及前引《莊子》原文改。
〔二〕「適」，原作「道」，據四庫本、《二十二子》本改。

形者，天之委質也；心者，人之真君也。委質不可不全，故曰「形莫若就〔一〕」。若真君，不可不和，故曰「心莫若和」。形全者，不可曲從於一物；心和者，不可攄發而示外。故曰：「就不欲入，和不欲出。」

形就而入，且爲顛爲滅，爲崩爲蹶。心和而出，且爲聲爲名，爲妖爲孽。彼且爲嬰兒，亦與之爲嬰兒；彼且爲無町畦，亦與之爲無町畦；彼且爲無崖，亦與之爲無崖。達之，入於無疵。

夫君子外順而内正，不務獨異於人矣。故趨時應變而與物無迕，蓋能通達其道而不立小廉以自高。要之，以無玷爲美也。故曰：「達之，入於無疵。」

汝不知夫螳蜋乎？怒其臂以當車轍，不知其不勝任也，是其才之美者也。戒之，慎之。積伐而美者以犯之，幾矣。汝不知夫養虎者乎？不敢以生物與之，爲其殺之之怒也；不敢以全物與之，爲其決之之怒也；時其飢飽，達其怒心。虎之與人異類而媚養己者，順也；故其殺者，逆也。

螳蜋以臂當車轍，才雖美而不勝其敵也；猛虎不敢害於養己者，性雖惡而不敢犯其

〔一〕「若就」，原作「就若」，據四庫本及前引《莊子》原文改。

順也。顔闔之傅衛太子，太子之從於顔闔，何異螳蜋猛虎歟？此伯玉所以引之而告也。

夫愛馬者，以筐盛矢，以蜃盛溺。適有蚉虻僕緣，而拊之不時，則缺銜毁首碎胸。意有所至而愛有所亡，可不慎邪？」

仁人之愛物，不失於愛而曲全其愛；物有迕理，則率而使順，而終不忘其所愛矣。豈務過愛而反傷其愛乎？傷愛，則以人而滅天也。故曰：「意有所至，愛有所忘，可不慎邪？」

匠石之齊，至乎曲轅，見櫟社樹。其大蔽牛，絜之百圍，其高臨山，十仞而後有枝，其可以爲舟者旁十數。觀者如市，匠伯不顧，遂行不輟。弟子厭觀之，走及匠石，曰：「自吾執斧斤以隨夫子，未嘗見材如此其美也。先生不肯視，行不輟，何邪？」曰：「已矣，勿言之矣。散木也，以爲舟則沉，以爲棺槨則速腐，以爲器則速毁，以爲門户則液樠，以爲柱則蠹。是不材之木也，無所可用，故能若是之壽。」匠石歸，櫟社見夢曰：「汝將惡乎比予哉？若將比予於文木邪？夫樝梨橘柚，果蓏之屬，實熟則剥，則辱；大枝折，小枝泄。此以其能苦其生者也，故不終其天年而中道夭，自掊擊於世俗者也。物莫不若是。且予求無所可用久矣，幾死，乃今得之，爲予大用。使予也而有用，且得有此大也邪？且也若

與予也皆物也，奈何哉其相物也？而幾死之散人，又惡知散木。」匠石覺而診其夢。弟子曰：「趣取無用，則爲社何邪？」曰：「密。若無言。彼亦直寄焉，以爲不知己者詬厲也。不爲社者，且幾有翦乎？且也彼其所保與衆異，而以義譽〔一〕之，不亦遠乎？」

物之生長則所以爲得性，翦伐則所以爲失性。得性則爲榮，失性則爲辱。榮必有所譽，而辱必有所毁。齊之大櫟，豈欲於失性之中而復求榮譽乎？此所以不欲爲社明矣，而匠石之弟子尚疑焉。此明至人之於世，以道任性，忘己齊物，而毁譽所以不及矣。

南伯子綦遊乎商之丘，見大木焉有異，結駟千乘，隱將芘其所藾。子綦曰：「此何木也哉？此必有異材。」夫仰而視其細枝，則拳曲而不可以爲棟梁；俯而視其大根，則軸解而不可以爲棺槨；咶其葉，則口爛而爲傷；嗅之，則使人狂酲，三日而不已。子綦曰：「此果不材之木也，以至於此其大也。嗟乎神人，以此不材。」宋有荆氏者，宜楸栢桑。其拱把而上者，求狙猴之杙者斬之；三圍四圍，求高名之麗者斬之；七圍八圍，貴人富商之家求樿傍者斬之。故未終其天年，而中道夭於斧斤，此材之患也。

〔一〕「譽」，原作「喻」，據四庫本、《二十二子》本改。

夫至人能存諸己而不蘄乎用。存諸己者足，而其用所以有餘，蓋至於命者是也。命者，萬事之根本而莫大焉，故莊子每以大樹而爲況。樹之爲用，用則傷其根本；而不用，則枝葉以生。故以不材爲材，而無用爲用，事能全而不傷也。老子曰：「深根固蒂之道，蓋亦言其命也。」而南伯子綦見商丘之大木，而嗟嘆其神人之不材，此亦知其全命之道歟？使神人之以材而見用，則不能全其命也，何異荆〔二〕氏之楸栢桑乎？夫荆氏之楸栢桑之先夭，以其小有材而已，故小有材而不能明道，以至於命則適自爲累而已矣，故曰「此材之患也」。

故解之以牛之白顙者與豚之亢鼻者，與人有痔病者不可以適河。此皆巫祝以知之矣，所以爲不祥也。此乃神人之所以爲大祥也。

牛之白顙、豚之亢鼻，此物之所以不材也；人之痔病，此人之所以不材也，巫祝皆爲不祥而不用，不用所以生全也，生全所以得終其天年，得終其天年則祥莫大焉。故曰：「此神人之所以爲大祥也。」然莊子之言及此者，蓋以處人間者，不能晦道以忘己，而多務衒材以誇衆，衆雖企慕而反傷其命矣。豈若晦道以忘己，藏材以全命，而

〔二〕「荆」，原作「宋」，據四庫本及前引《莊子》原文改，下句同。

免經世之患乎？此所以反復言之而寓意也。

支離疏者，頤隱於齊，肩高於頂，會撮指天，五管在上，兩髀爲脅。挫鍼治繲，足以餬口；鼓筴播精，足以食十人。上徵武士，則支離攘臂於其間；上有大役，則支離以有常疾不受功；上與病者粟，則受三鍾與十束薪。夫支離其形者，猶足以養其身，終其天年，又況支離其德者乎？

支離疏者，形不正之人也。形不正於外而實自正於內，足可以〔二〕全其命也。故曰由足以終其天年。然支離其形則尚能全其命，況支離其德而歸功於羣材，外不衒其美而內不虧其實，又豈不能全命而免人間之累乎？故曰：「又況其支離其德者乎？」

孔子適楚，楚狂接輿遊其門曰：「鳳兮鳳兮，何如德之衰也。來世不可待，往世不可追也。天下有道，聖人成焉；天下無道，聖人生焉。方今之時，僅免刑焉。

大聖人與世推移而不凝滯於物，物亦莫能傷之矣。孔子之心未嘗以經世爲事，其所以推而行之者，直隨時而已，故時之可行則成其功，時之可止則全其生，汎然無礙而盛衰不自以知覺，此聖人之心如此也。故接輿之歌所以寓聖人之心，而莊子引之以

〔二〕「足可以」，四庫本作「是以」。

終經世之道，而亦自嘆其不得於時。故曰：「方今之時，僅免刑焉。」

福輕乎羽，莫之知載；禍重乎地，莫之知避。

莊子之所謂禍福，非世之所謂禍福也。以能全性命者謂之福，忘性命者謂之禍。全性命者，其道微，故曰「福輕乎羽」。然以至微之道，而不能自舉而行之，故曰「莫之知載」也。忘性命者，其理著，故曰「禍重乎地」。然以至著之理，而不能自知而避之，故曰「莫之知[一]避」也。此莊子所以嘆人間之人，不能盡知全之之道也。

「已乎已乎，臨人以德。殆乎殆乎，畫地而趨[二]。迷陽迷陽，無傷吾行。吾行卻曲，無傷吾足。」山木自寇也，膏火自煎也。桂可食，故伐之；漆可用，故割之。人皆知有用之用，而莫知無用之用也。

桂可食，故伐之；漆可用，故割之。此所謂小有材而不能自全而已矣。工文[三]所謂此材之患是也。豈知聖人以不材爲神，而無用爲妙乎？知其不材，明其無用，則經世之道極盡矣。此莊子所以終之於此言也。

〔一〕「知」，原脱，據四庫本及前引《莊子》原文補。
〔二〕「趨」，原作「趍」，據四庫本、《二十二子》本改。
〔三〕「工文」，四庫本作「前」。

南華真經新傳卷之四

宋王元澤傳

德充符篇

夫處人間，經世變，免於憂患之累者，是能全其性命也。性命全則自得，自得則德之所以充也。德充於内而無待於外，則不求合於物而物自來合。此莊子所以作《德充符》之篇而次於《人間世》也。

魯有兀者王駘，從之遊者與仲尼相若。常季問於仲尼曰：「王駘，兀者也，從之遊者與夫子中分魯。立不教，坐不議，虛而往，實而歸。固有不言之教，無形而心成者邪？是何人也？」仲尼曰：「夫子，聖人也，丘直後而未往耳。丘將以爲師，而況不若丘者乎？奚假魯國。丘將引天下而與從之。」

聖人之所以爲聖人者，能内全其神而外忘其形，泯然喪智〔二〕而與化爲一，此王駘雖兀而猶全人也。夫能忘形喪智，與化爲一，則其所感者廣，而所化者多，宜乎從之者與仲尼之弟子相敵也。

常季曰：「彼兀者也，而王先生，其與庸亦遠矣。若然者，其用心也獨若之何？」

常者，習其庸常；季者，物之少稚。以其庸常少稚，而不足以知聖人，故曰常季。此莊子制名而寓意也。然德之所以充實，則美大具矣。美大具，而從之者衆，所謂大而化之矣，此仲尼所以稱之爲聖人也。夫聖人，非聖人不能以明之。此莊子所以託問於仲尼。

仲尼曰：「死生亦大矣，而不得與之變；雖天地覆墜，亦將不與之遺。審乎無假而不與物遷，命物之化而守其宗也。」

天下之事，莫過於生死；而生死者，物之所變也。惟聖人了於不生不死，而未嘗與變俱變也。故曰：「生死亦大矣，而不得與之變。」夫了於不生不死，則寂然忘形，而與化爲一，雖穹壤傾側，而豈有遺喪？故曰：「雖天地覆墜，亦將不與之遺。」此

〔二〕「智」，四庫本作「志」，下句同。

言窮理之妙也。至于「審乎無假而不與物遷」，所謂盡性之奧也；「命物之化而守其宗」，所謂至於命也。王駘之形雖不全，而能窮理盡性至於命，此德之所以充也。

常季曰：「何謂也？」仲尼曰：「自其異者視之，肝膽楚越也；自其同者視之，萬物皆一也。

物我殊形，此所以異也；物我同根，此所以同也。蔽於異而視之，則形質所以不同；知其同而視之，則根本所以不異。王駘能忘支體之不完而達性命之本，內全其真而外合萬物以爲一，非德之所充，則孰能至於此？故曰：「自其異者而視之，肝膽楚越也；自其同者視之，萬物皆一也。」

夫若然者，且不知耳目之所宜，而遊心乎德之和；物視其所一而不見其所喪，視喪其足猶遺土〔一〕也。」

以耳而聽，則聞其所聞，而不及其所不聞；以目而視，則見其所見，而不及其所不見；此蔽於任智之累也。惟聖人內充懿德而外出聰明，所聽不以耳，而所視不以

〔一〕「土」，原作「上」，據四庫本、《二十二子》本改。

目，雖事物之紛擾而不比吾之所聞見，惡有拘累於視聽歟？故汎然遊心於自得之場而和之，所以不出也。故曰：「夫若然者，且不知耳目之所宜，而遊心乎德之和。」夫德之充者，與化一體，天下見其化而忘其形，知其得而遺其喪。王駘雖兀，而天下忘其所以兀也，然非不見其兀也，以其德之所充者大，而形之不全者小，是以悦其大如視金玉，而忘其小如遺土壤也。故曰：「物視其所一而不見其所喪，視喪其足猶遺土也。」

常季曰：「彼爲己以其知，得其心以其心。得其常心，物何爲最之哉？」

夫聖人之所以悦萬物者，以大化也；萬物之就聖人者，以其德也。常季不知其然，而以王駘任智得心而物就之，是億〔二〕度於聖人也。

仲尼曰：「人莫鑑於流水而鑑於止水，

水流則莫辨於鬚髮，水止則可鑒於天地；德忘則物所以不從，德充則物所以來合；此理勢之必然也。故人之所鑒者，必鑒於止水；而物之所合者，必合於盛德。故物之所最於王駘者，由止水之所以蒙鑒也。故曰：「人莫鑒於流水而鑒於止水。」

〔二〕「億」，四庫本作「臆」。

唯止能止衆止。

天下之性，生而未嘗不静。静則正，正則定，正定之性，天下所同。惟妄情所役，外物所擾，正之所以不正，而定之所以不定也。然而〔一〕不正不定者，以其内無所主也。故内無主〔二〕則不止，不止則不能止其所止也。惟聖人〔三〕内以德爲主，而外忘物所役，故惟〔四〕根所以〔五〕正定而止也；以其所止而止天下衆人之〔六〕動，則動之所以自止也。故曰：「唯止能止衆止。」此莊子傷時性之流放而寓意於仲尼之言也。

受命於地，唯松栢獨也在冬夏青青；受命於天，唯舜獨也正，幸能正〔七〕生，以正衆生。夫保始之徵，不懼之實；勇士一人，雄入於九軍。將求名而能自要者〔八〕，而猶若是，

〔一〕底本左半葉每行首字皆缺，據四庫本補「而」字，本段以下補字同。
〔二〕據四庫本補「主」字。
〔三〕據四庫本補「人」字。
〔四〕「惟」，四庫本作「性」。
〔五〕據四庫本補「以」字。
〔六〕據四庫本補「之」字。
〔七〕「正」，原作「止」，據四庫本、《二十二子》本改。
〔八〕「者」，原脱，據四庫本、《二十二子》本補。

木受命於地，人受命於天，地非私於松柏而使之獨青，天非私舜而使之獨正，蓋松柏不變其至堅，而大舜能守其正性。故曰：「受命於地，唯松柏獨也在冬夏青青；受命於天，唯舜獨也正」。夫天下之人不知舜能守其正，而皆稱爲聖人，豈自悟其幸生而正而自喪其正？唯能知其本正而守之，亦可正於衆人矣，奚獨聖人歟？故曰：「幸能正生，以正衆生。」

而況官天地，府萬物，直寓六骸，象耳目，一知之所知，而心未嘗死者乎？彼且擇日而登假，人則從是也。彼且何肯以物爲事乎？」

夫聖人體道而無對於天下，故天地雖大而歸於統任，萬物雖衆而由之芘藏，生死不慮而形骸如寄，視聽不用而耳目存象。務知德之所充，而能以不生爲生。以不生爲生，則適去在我，此人之所以最之也，豈以物而爲累乎？故曰：「而況官天地，府萬物，直寓六骸，象耳目，一知之所知，而心未嘗死者乎？彼且擇日而登假，人則從是也。彼且何肯以物爲事乎？」此王駘所爲如此，而莊子言之於篇首也。

申徒嘉，兀者也，而與鄭子産同師於伯昏無人。

申徒者，教民之官也；嘉者，善之至也，此莊子製名而寓意。然申徒嘉者，賢人也，故次於王駘而言之。嘉雖外兀而德内充，德雖充而人未最，此所以未免於師也。故曰：「與鄭子産同師於伯昏無人。」夫伯者，長也；昏者，晦也；無人者，無我也。爲物之長能晦而無我，所以得賢人師之也。

子産謂申徒嘉曰：「我先出則子止，子先出則我止。」其明日，又與合堂同席而坐。子産謂申徒嘉曰：「我先出則子止，子先出則我止。今我將出，子可以止乎？其未邪？

夫至人忘己而外與物同，物雖不完而不能浼己，是以下惠同物而袒裼裸裎者，皆不能浼之，蓋知内同其命而外可忘形矣。子産，鄭國之賢也，不知申徒之德充而止惡形骸之不全，欲其行止與之不同也，此所以異於下惠矣。

且子見執政而不違，子齊執政乎？」

聖人之與賢人，庶僚之與庶民，其所異者分而其所同者命，達者觀之則均爲人爾。均爲人則安可獨異乎？此子産自矜執政而適，取申徒之所鄙也。

申徒嘉曰：「先生之門，固有執政焉如此哉？子而説子之執政而後人者也？聞之曰：『鑑明則塵垢不止，止則不明也。』久與賢人處則無過。今子之所取大者，先生也，而猶出言若是，不亦過乎？」子産曰：「子既若是矣，猶與堯争善，計子之德不足以自反邪？」申徒嘉曰：「自狀其過以不當亡者衆，不狀其過以不當存者寡。知不可奈何而安之若命，唯有德者能之。

夫顏回之從孔子也，始焉克己，而終焉未始有回，故黜聰明，墮支體而未嘗貳過而已矣。子產之從伯昏無人也，不能克己而欲爲於物先，又惡德充之人而致其過，亦所以異於顏回也。

遊於羿之彀中。中央者，中地也；然而不中者，命也。人以其全足笑吾不全足者衆矣，我怫然而怒；而適先生之所，則廢然而反。不知先生之洗我以善邪？吾與夫子遊十九年矣，而未嘗知吾兀者也。

孟子曰：「羿教人射，必志于彀，學者亦必志於彀。」彀者，弓矢所及之地也。天之生人也，皆不出榮辱、利害、貴賤、生死之塗，其所以或榮或利，或貴或生者，由其發而中也；其所以或辱或害，或賤或死者，由其發而不中也。中與不中，皆命也，豈能越其自然之理歟？惟聖人無我而無心於萬物，故榮辱不能累，利害不能加，貴賤不能役，了於不生不死，而獨處於自得之場，所謂志於命而已。中與不中，吾何預焉？

今子與我遊於形骸之內，而子索我於形骸之外，不亦過乎？」子產蹵然改容更貌曰：「子無乃稱。」

恥形體之不全者，常人也；愧盛德之不充者，聖賢也。申徒嘉內務其全而外忘形，子產不取其德之充而惡其形不完，此所以太過而已矣。故曰：「今子與我遊於形骸之内，而子索我於形骸之外，不亦過乎？」

魯有兀者叔山無趾，踵見仲尼。仲尼曰：「子不謹，前既犯患若是矣。雖今來，何及矣。」無趾曰：「吾唯不知務而輕用吾身，吾是以亡足。今吾來也，猶有尊足者存，吾是以務全之也。

叔者，歟於伯仲[二]；山者，有形之最大也，此亦莊子製名而寓意也。以其次於申徒爲第三，故曰叔而已；以其亦有德之大，故曰山而已。然而必曰見於仲尼者，以非聖人不足知賢人也。

夫天無不覆，地無不載，吾以夫子爲天地，安知夫子之猶若是也。」孔子曰：「丘則陋矣。

天地無心於萬物，其覆載所以不私也；聖人無心於萬物，其來者所以不拒也。夫天地豈以物形之不具而不覆載？聖人豈責人體之不完[三]而不與合？故曰：「夫天無不覆，地無不載，吾以夫子爲天地，安知夫子之猶若是也。」孔子曰：「丘則陋矣。」然仲尼非果責其不謹也，此莊子高言盡道之妙，而學者宜取其意也。

夫子胡不入乎，請講以所聞。」無趾出。孔子曰：「弟子勉之。夫無趾，兀者也，猶務學

[二] 「歟於伯仲」，四庫本作「即伯仲叔」。
[三] 「完」，原作「宗」，據四庫本改。

以復補前行之惡，而況全德之人乎？」無趾語老聃曰：「孔丘之於至人，其未邪？彼何賓賓以學子爲？彼且蘄以諔詭幻怪之名聞，不知至人之以是爲己桎梏邪？」老聃曰：「胡不直使彼以死生爲一條，以可不可爲一貫者，解其桎梏，其可乎？」無趾曰：「天刑之，安可解？」

夫聖人内守其正性而外循其常德，汎然無心而物不能累，故生死可不可皆不介蔕於胸中，豈有意而一之歟？使聖人有意而一生死與可不可，則是不忘其所當忘而忘其所不忘也，如此，則去常德，遁天刑，惡爲聖人而已矣？夫常德不可去，天刑不可遁，惟聖，天人能全而不能忘。故曰：「天刑安可解？」

魯哀公問於仲尼曰：「衛有惡人焉，曰哀駘它。丈夫與之處者，思而不能去也。婦人見之，請於父母曰：『與爲人妻寧爲夫子妾』者，數十而未止也。未嘗有聞其唱者也，常和人而已矣。無君人之位以濟乎人之死，無聚禄以望人之腹。又以惡駭天下，和而不唱，知不出乎四域，且而雌雄合乎前，是必有異乎人者也。寡人召而觀之，果以惡駭天下。與寡人處，不至以月數，而寡人有意乎其爲人也；不至乎期年，而寡人信之。國無宰，而寡人傳國焉。悶然而後應，氾而若辭。寡人醜乎，卒授之國。無幾何也，去寡人而行，寡人卹焉若有亡也，若無與樂是國也。

哀駘它者，醜惡之名也，以其德充而形惡，故製其醜惡之名矣。夫形骸者，委氣之所聚，至人視之如旅寄，而未嘗以好惡爲辨也。惟務全其所當全，充其所當充，則形雖惡而物自以爲最，此哀駘它能使人心之願從，而魯哀亦授之以國也。

是何人者也？」仲尼曰：「丘也嘗使於楚矣，適見豚子食於其死母者，少焉眴〔二〕**若皆棄之而走。不見己焉爾，不得類焉爾。**

天之生人也，均委之氣而同受之命，非有私於聖賢而惡於凡常。蓋聖賢能全其當全，正其所正，故命之所以至，而德之所以充。凡常不知其然，而疑聖賢有異於人也。雖魯哀之國君，不知哀駘之所充，而以爲有異乎人也，是以問於仲尼焉。

所愛其母者，非愛其形也，愛使其形者也。

夫德之充者，非求合於物而物自來合。物之所以來合者，非愛其形，而愛其德也，故曰「愛使其形」也。

戰而死者，其人之葬也不以翣資；刖者之屨，無爲愛之。皆無其本矣。爲天子之諸御，不爪翦，不穿耳；取妻者止於外，不得復使。形全猶足以爲爾，而況全德之人乎？今哀

〔二〕「眴」，原作「眴」，據四庫本、《二十二子》本改。

駘它未言而信，無功而親，使人授己國，惟恐其不受也，是必才全而德不形者也。」哀公曰：「何謂才全？」仲尼曰：「死生存亡，窮達貧富，賢與不肖毁譽，飢渴寒暑，是事之變，命之行也；日夜相代乎前，而知不能規乎其始者也。故不足以滑和，不可入於靈府。使之和豫，通而不失於兑，使日夜無郤而與物爲春，是接而生時於心者也。是之謂才全。」「何謂德不形？」曰：「平者，水停之盛也。其可以爲法也，内保之而外不蕩也。德者，成和之脩也。德不形者，物不能離也。」哀公異日以告閔子曰：「始[一]也吾以南面而君天下，執民之紀而憂其死，吾自以爲至通矣。今吾聞至人之言，恐吾無其實，輕用吾身而亡吾國。吾與[二]孔丘，非君臣也，德友而已矣。」

至人之所以爲至人者，以其才全也。才者，性命之妙理，惟至人能以不全而全之，全之然後盡之也。全盡於性命之理，則死生存亡、窮達貧富之變，了然不以汩于中；陰陽之更運，宵晝之迭遷，冥然不務度其始，事變不足滑其和，憂喜不足動其神，豫然悦懌而日夜忘變之至，故與物應對而復感而遂通，所謂才全而已矣。故曰：「是之謂才全。」才全者，性命之理不虧也。性命之理既不虧，則德之所以充也。德之

[一]「始」，原作「殆」，據四庫本、《二十二子》本改。
[二]「與」，原作「語」，據四庫本、《二十二子》本改。

充者，非有意於充，如停水非有意於平也。故曰：「平者，水停之盛也。」夫德之充者，物自以爲最；而水之平者，人取以爲法。故曰：「其可以爲法也。」然德之充者，內有其所守而外無其所放，寂然無迹而物所以歸嚮。故曰「內保之而外不蕩」，又曰「德不形者物不離也」。此至妙之理，而非聖人不能以知之，雖知不能以言之，故魯哀得聞而不敢臣於聖人也。故曰：「吾與孔丘，非君臣也，德友而已矣。」

闉跂支離無脤說衛靈公，靈公說之，而視全人，其脰肩肩。甕㼜大癭說齊桓公，桓公說之，而視全人，其脰肩肩。故德有所長而形有所忘，

闉跂者，言其忘行；支離者，言其忘形；無脤者，言其忘智，故忘行則所以無迹，忘形則所以忘我，忘智則所以無知，無迹則泯然絕世，無我則渾然同物，無知則泊然無爲，故德之所以充也。此莊子製名而寓意。夫斯人也，其形如此，而其德有所長，故說衛靈公則靈公悅之而忘其形，說齊桓公則桓公亦悅而忘其形。斯人也，非有異於人也，蓋能全其所當全，忘其所當忘，全忘之外，雖有役性之物，則不足爲其累也。故曰「甕㼜大癭」，又曰「德有所長而形有所忘」也。

人不忘其所忘而忘其所不忘，此謂誠忘。

夫形者，天之所委也；德者，我之自得也。蓋天之所委者，一氣之暫聚；我之自得者，萬物不能役，豈可愛一氣之暫聚，而忘萬物不能役之之妙乎？惟至人内不忘其不當忘，而外忘其所當忘，故才全而所以德不形，所謂誠忘而已矣。故曰：「人不忘其所忘而忘其所不忘，此之謂誠忘。」

故聖人有所遊，而知爲孽，約爲膠，德爲接，工爲商。聖人不謀，惡用知？不斲，惡用膠？無喪，惡用德？不貨，惡用商？四者，天鬻也。天鬻也者，天食也。既受食〔一〕於天，又惡用人？

故聖人有所遊者，所謂乘物以遊心也。乘物以遊心，則處於無爲之境，而任其自然之理。雖知約德工，皆非我有，而我惡用哉？然我之惡用於四者，皆天之所付於人而養於人，我惡可廢？廢則滅天而已矣。既不可廢，又不可益，益則助天而已矣。滅天則致累，助天則反害，如此則天人安得和同歟？惟聖人不廢不益矣。故曰：「既受食於天，又惡用人？」

有人之形，無人之情。有人之形，故羣於人；無人之情，故是非不得於身。眇乎小哉，所以屬於人也。謷乎大哉，獨成其天。

〔一〕「食」，原作「命」，據四庫本、《二十二子》本改。

有人之形者，所謂塊然同類也；無人之情者，所謂寂然無爲也。同類所以能羣而不能異，無爲所以無是而無非。故曰：「有人之形，無人之情。有人之形，故羣於人；無人之情，故是非不得於身。」故形雖眇而皆視以爲人，德已充而不虧其全矣。故曰：「眇乎小哉，所以屬於人也；謷乎大哉，獨成其天。」此闉跂支離無脤之所長也。

惠子謂莊子曰：「人故無情乎？」莊子曰：「然。」惠子曰：「人而無情，何以謂之人？」莊子曰：「道與之貌，天與之形，惡得不謂之人？」惠子曰：「既謂之人，惡得無情？」莊子曰：「是非吾所謂情也。吾所謂無情者，言人之不以好惡内傷其身，常因自然而不益生也。」惠子曰：「不益生，何以有其身？」莊子曰：「道與之貌，天與之形，無以好惡内傷其身。今子外乎子之神，勞乎子之精，倚樹而吟，據槁梧而瞑。天選子之形，子以堅白鳴。」

夫情者，性之害也。人之生，則貌出於道而形受於天，皆正正而已矣。惟情戕害其正正，而正正所以不正矣。惠子不知其然，而以爲人而無情何以謂之人？故莊子答之以「不以好惡傷其身」，又曰「常因自然而不益生」。夫好惡生於情而害於身。有好惡，則以生爲不足，而欲其過度而益也。過度而益，則外役於物。役於物則用神，神大用則疲，疲則有所感，感而不已則昏瞑而已矣。如此則見役於造化，而不能與萬物爲一，所以惑於堅白同異也。故曰：「今子外乎子之神，勞乎子之精，倚樹而吟，據梧而瞑，天選子之形，以堅白鳴。」夫聖人之所爲守其正正，而全其當全，不任智，不用神，廓然與造化同體，而以萬物爲一，安所措其情哉？此惠子不知聖人之如此也。夫莊子作《德充》之篇，始之以王駘，次之以申徒嘉，又次之以叔山，此三人者，皆德充而形不完也，故申徒不及王駘，叔山不及申徒，故第降一等而言之矣。至于哀駘、闉跂支離無脤者，亦皆德充而形至惡也，又第降一等而言之，與《人間世》之篇次序相同矣。夫不完至惡者，皆外也。外雖如此，而内充其德，則物爲之最，而自求合也。物自來合則是是〔二〕，萬物與我爲一也，又何必措情於其間哉？所以終於惠子之問情，此莊子立言盡道如是也。

〔二〕「來」，四庫本作「求」；「是」，四庫本不重。

南華真經新傳卷之五

宋王元澤傳

大宗師篇

夫德之充者，人於道。道者，天下莫不由之也。雖天地之至大，萬物之至多，皆同歸而一致矣。此莊子作《大宗師》之篇，而次之於《德充符》也。

知天之所爲，知人之所爲者，至矣。

天人皆出於道，而盡道者，能知天人之所爲。夫天之所爲者，無爲也；人之所爲者，有爲也。無爲則静，静則復命；有爲則動，動則有義。能知義，命之極，則物之所宗師也，故曰「至矣」。

知天之所爲者，天而生也；知人之所爲者，以其知之所知以養其知之所不知，終其天年而不中道夭者，是知之盛也。雖然，有患。

夫知天人之所爲者，以不知知之也，以不知知天，則達於無爲之妙理而命之所以至也，以不知知人，則盡於有爲之極致而物之所以最也。命之至，則其生自然；物之最，則與天爲徒，然而人之所爲務知而不止，則是任智而已，任智則知之過甚矣。故曰：「是知之盛也。」夫任智而過知，則反傷生。故曰：「雖然，有患。」

夫知有所待而後當，其所待者特未定也。庸詎知吾所謂天之非人乎？所謂人之非天乎？

天者一氣之所凝，人亦一氣之所聚。莊子達觀而知天具一人，知人具一天，天人大同而無所分別矣。故曰：「庸詎知吾所謂天之非人乎？所謂人之非天乎？」

且有真人而後有真知。何謂真人？古之真人，不逆寡，不雄成，不謩士。若然者，過而弗悔，當而不自得也。若然者，登高不慄，入水不濡，入火不熱。是知之能〔二〕登假於道也若此。

與化爲一，直内而不假於物者，真人也。真者，言乎其性也。以其性之如是，其所知則非出於人爲之僞矣。故曰：「且有真人而後有真知。」真知者，不知也。然而真人之所以爲真人者，持其順以待少，守其雌而若缺，不謀不致而士自來合。故曰：

〔二〕「能」，原脱，據四庫本、《二十二子》本補。

「不逆寡，不雄成，不謩士。」真人如此而安有於過歟？且或有過，則不以得失介于心。不介于心，則無心於物也。無心於物則與物不迕，而物亦莫能傷之矣。故曰：「若然者，過而弗悔，當而不自得也。若然者，登高不慄，入水不濡，入火不熱。」夫如是，非真人有異於人，蓋以真知而入道矣。故曰：「是知之能登假於道也若此。」

古之真人，其寢不夢，其覺無憂，其食不甘，其息深深。

真人絶累而忘情，其寢所以不夢也。樂天而知命，其覺所以不[二]憂也；味其無味，其食所以不甘也；静復於静，其息所以深深也。

真人之息以踵，衆人之息以喉。屈服者，其嗌言若哇。其嗜欲深者，其天機淺。

踵者，身之根也；喉者，導於氣也。根不可以卒動，氣不可以久窒。真人之息以踵者，蓋能歸根而静也；衆人之息以喉者，由其窒氣之出也。歸根而静，其息愈久；窒氣之出，其息不久。愈久者，由其忘於嗜慾也；不能久者，由其深於嗜慾也。

古之真人，不知説生，不知惡死；其出不訢，其入不距；翛然而往，翛然而來而已矣。不忘其所始，不求其所終；受而喜之，忘而復之，是之謂不以心捐道，不以人助天。是之謂

〔二〕「不」，四庫本作「無」。

真人。若然者，其心志，其容寂，其顙頯；淒然似秋，煖然似春，喜怒通四時，與物有宜而〔一〕莫知其極。

真人寓六骸，象耳目，安時處順而哀樂不能入。故曰：「不知悦生，不知惡死。」所往無不應，無入不自得。故曰：「其出不訢，其入不距。」翛然而往者，遊於形器之外也；翛然而來者，不在形器之内也。入道之妙而不忘其始，與化〔二〕冥合而不求其終，故曰「不忘其始」。如〔三〕不求其所終，自得而無愠，故曰「受而喜之」。忘己而復命，故曰「忘而復之。」如此則縱心之所得而不離道，仕物之自然而不過益其真，所以真真也。故曰：「是之謂不以心捐道，不以人助天，是之謂真人。」夫真人之所以如此者，其真君安然而無慮也，其狀貌皖然而無動也，其顙頯朴然而無飾也。不怒而威，不仁而愛，與四時所以合。其序處萬物，無有其不當，孰能測其終極乎？故曰：「若然者，其心志，其容寂，其顙頯，然淒然似秋，煖然似春。喜怒通四時，與物有宜而莫知其極。」

〔一〕「而」，原脱，據四庫本、《二十二子》本補。
〔二〕「化」，四庫本作「道」。
〔三〕「始如」，四庫本作「所始」。

故聖人之用兵也，亡國而不失人心；利澤施乎萬世，不爲愛人。故樂通物，非聖人也；有親，非仁也；天時，非賢也；利害不通，非君子也；行名失己，非士也，亡身不真，非役人也。若狐不偕、務光、伯夷、叔齊、箕子、胥餘、紀他、申徒狄，是役人之役，適人之適，而不自適其適者也。

夫真人者，以吾喪我，以道從身，不易内，不徇外，役物而不役於物，適性而不適於性也。若狐不偕、申徒狄之數子者，不能喪我而又喪其真，不能徇道而又徇於時，故役於物而不役物，適於性而不適性，此所以不能立命也。故曰：「是役人之役，適人之適〔一〕而不自適其適也。」

古之真人，其狀義而不朋，若不足而不承；與乎其觚而不堅也，張乎其虚而不華也；邴邴乎其似喜乎？崔乎其不得已乎？滀乎進我色也，與乎止我德也；厲乎其似世乎，謷乎其未可制也；連乎其似好閉也，悗乎忘其言也。以刑爲體，以禮爲翼，以知爲時，以德爲循。以刑爲體者，綽乎其殺也；以禮爲翼者，所以行於世也；以知爲時者，不得已於事也；以德爲循者，言其與有足者至於丘也；而人真以爲勤行者也。

〔一〕「適」，原作「道」，據四庫本及前引《莊子》原文改。

刑者，天刑也。天刑者，天之命也。萬物皆有命，而備於我，所謂以刑爲體也。禮者，履也，履得其道，則不行而至，所謂以禮爲翼也。知者，知也，知不凝滯，則與世推移，所謂以知爲時也。德者，以自得於内，則日可見其所安行，所謂以德爲循也。夫物我之死，暫往也，吾何係吝於其間？故曰：「以刑爲體者，綽乎其殺也。」道無終極而我履而不息，故曰：「以禮爲翼者，所以行於世也。」與世推移而非有心於事，故曰：「以知爲時者，不得已於事也。」自得而安行，雖有足者亦可以行而升上，故曰：「以德爲循者，言其與有足者至於丘也。」此四者，真人非有意於行，而人寔謂之力行也。故曰「而人真以爲勤行者也。」

故其好之也一，其弗好之也一。其一也一，其不一也一。其一與天爲徒，其不一與人爲徒。

真人無心其好惡，所以一也。真人抱一一不一，所以同也。無心而一，則任自然，故曰「與天爲徒」也。抱一而同，則或使然，故曰「與人爲徒」也。

天與人不相勝也，是之謂真人。死生，命也，其有夜旦之常，天也。人之有所不得與，皆物之情也。彼特以天爲父，而身猶愛之，而況其卓乎？人特以有君爲愈乎己，而身猶死之，而況其真乎？泉涸，魚相與處於陸，相呴以濕，相濡以沫，不如相忘於江湖。與其譽

堯而非桀也，不如兩忘而化其道。

毁譽者，世情之變。聖人雖爲之應，而心寔無有。若夫遺世情，而特以兼忘爲是者，此莊子之所非，而世之愚儒反以非莊子也。

夫大塊載我以形，勞我以生，佚我以老，息我以死。故善〔一〕吾生者，乃所以善吾死也。

真人無佚老息死，此特爲載形勞生言耳。

〔一〕「善」，原脱，據四庫本、《二十二子》本補。

南華真經新傳卷之六

宋王元澤傳

大宗師篇

夫藏舟於壑，藏山於澤，謂之固矣。然而夜半有力者負之而走，昧者不知也。藏小大有宜，猶有所遯。若夫藏天下於天下而不得所遯，是恒物之大情也。

夫物之不遷，是物之所以常性也。物之必往，是物之所以常變也。性不可易，變不可留，此莊子所以有藏舟、藏山之言也已。夫舟者，取其汎然無定也；山者，取其確然不動也。壑所以取其深〔一〕，澤所以取其大，舟無定而藏之於深，山不動而藏之於大，況其物不止而止之，物不固而固之也。物雖止固，而豈免造化之變移乎？所謂有力者負之而走也。夫造化冥運，故言夜半；造化難察，故言昧者，此莊子歎世人

〔一〕「深」，原作「澤」，據四庫本、《二十二子》本改。

之不智矣。惟真人與化同體，與物爲一，生死榮謝付之自然，藏妙用於無迹，運至道之常存。故曰：「若夫藏天下於天下而不〔二〕得所遯，是恒物之大情也。」

特犯人之形而猶喜之。若人之形者，萬化而未始有極也，其爲樂可勝計邪？

生者未必不死，死者未必不生，終始往復而無有極盡。故曰：「若人之形者，萬化而未始有極也。」夫不生而生生，此樂之所以無極也。故曰：「其樂可勝計邪？」

故聖人將遊於物之所不得遯而皆存。善夭善老，善始善終，人猶效之。

夫萬物有始者必有終，有成者必有毀，斯皆見役於造化，而無所逃其迹狀也。惟聖人入道以無我，乘物以遊心，陰陽不能移，造化不能役，未嘗有所不存矣。故曰：「故聖人將遊於物之所不得遯而皆存。」

又況萬物之所係而一化之所待乎？

天職生覆，地職形載。生覆者，未必能形載；而形載者，未必能生成〔三〕，此萬物未爲全歸也。惟聖人成天地之功，合萬物以爲一，此物之所以係而化之所以待，宜乎獨

〔二〕「不」，原脱，據四庫本及前引《莊子》原文補。
〔三〕「成」，四庫本作「覆」。

爲於〔二〕宗師也。故曰：「又況萬物之所係而一化之所待乎？」

夫道，有情有信，無爲無形；可傳而不可受，可得而不可見；自本自根，未有天地，自古以固存；神鬼神帝，生天生地；在太極之先而不爲高，在六極之下而不爲深，先天地生而不爲久，長於上古而不爲老。狶韋氏得之，以挈天地；伏羲得之，以襲氣母；維斗得之，終古不忒；日月得之，終古不息；堪坏得之，以襲崐崘；馮夷得之，以遊大川；肩吾得之，以處大山；黄帝得之，以登雲天；顓頊得之，以處玄宫；禺强得之，立乎北極；西王母得之，坐乎少廣，莫知其始，莫知其終；彭祖得之，上及有虞，下及五伯；傅説得之，以相武丁，奄有天下，乘東維，騎箕尾，而比於列星。

夫道，天下之至妙，而無體無迹，無乎不在也。萬物莫不由之而似有情，萬物由之而生而似有信。寂然默運，故無爲；窈然真空，故無形；可以神會，而難以情求，故曰「可傳而不可受」。可以心得，而難以理察，故曰「可得而不可見」。混成先天地而生，故曰「自本自根」。未有天地，亘絡萬世，而綿綿常存，故曰「自古以固存」。然則道之如此，而其妙所以無方也。故鬼得之而靈，帝得之而神，天地由之而生，而

〔二〕「爲於」，四庫本作「得爲」。

非因天地而有，其高不可度而其深不可測，無新成，無衰弊，而豨韋至傅説得其體用而以爲天下正其名，所以粲列而長〔一〕存也，故曰「比於列星」。

南伯子葵問乎女偊曰：「子之年長矣，而色若孺子，何也？」曰：「吾聞道矣。」南伯子葵曰：「道可得學邪？」曰：「惡，惡可。子非其人也。夫不〔二〕梁倚有聖人之才而無聖人之道，我有聖人之道而無聖人之才，吾欲以教之，庶幾其果爲聖人乎？不然，以聖人之道告聖人之才，亦易矣。吾猶守而告之，三日而後能〔三〕外天下；已外天下矣，吾又守之，七日而後能外物；已外物矣，吾又守之，九日而後能外生；已外生矣，而後能朝徹；朝徹，而後能見獨；見獨，而後能無古今；無古今，而後能入於不死不生。殺生者不死，生生者不生。其爲物，無不將也，無不迎也；無不毁也，無不成也。其名爲攖寧。攖寧也者，攖而後成者也。」南伯子葵曰：「子獨惡乎聞之？」曰：「聞諸副墨之子，副墨之子聞諸洛誦之孫，洛誦之孫聞之瞻明，瞻明聞之聶許，聶許聞之需役，需役聞之於謳，於謳聞之玄冥，玄冥聞之參寥，參寥聞之疑始。」

〔一〕「長」，四庫本作「常」。
〔二〕「不」，四庫本作「卜」，《二十二子》本作「卜」。
〔三〕「能」，原脱，據四庫本、《二十二子》本補。

夫道者，聖人之體也；才者，聖人之用也。有體而無用，未得爲之完；有用而無體，未得爲之至。故有體有用，則得道之全真而無我也。無我則無生，故曰守之，九日而外生，無生則夜氣所以存，故曰：「已外生矣，而後能朝徹。」夜氣存則見其所不見，故曰：「朝徹而後能見獨。」見其所不見，則萬世一視，故曰：「見獨而後能無古今。」如此，則了於不生不死也，故曰：「無古今而後能入於不生不死。」夫道全若是，則物於物而不物物，其死所以不死矣，生於物，而其生所以不生矣，故曰：「殺生者不死，生生者不生。」物無不恃，而不見其迹，故曰「無不將也」。物無不逆，而不見其首，故曰「無不迎也」。物由之而彫謝，故曰「無不毁也」。物得之而生成，故曰「無不成也」。物係之而後安，故曰「其名爲攖寧」。係之然後著，故曰：「攖寧也者，攖而後成也。」此入道之次序，非真人不能與於此。然自南伯子葵至於疑始之數子，皆莊子製名而寓意也。

子祀、子輿、子犂、子來四人相與語曰：「孰能以無爲首，以生爲脊，以死爲尻，孰知死生存亡之一體者，吾與之友矣。」四人相視而笑，莫逆於心，遂相與爲友。俄而子輿有病，子祀往問之，曰：「偉哉，夫造物者，將以予爲此拘拘也。」曲僂發背，上有五管，頤隱於齊，肩高於頂，句贅指天，陰陽之氣有沴，其心間而無事，跰𨇤而鑑于井，曰：「嗟乎，夫造物者，又將以予爲此拘拘也。」

夫至人者，了於真空之妙趣，達於無爲之真理，萬物不可役其志。造化不可拘其體，以吾喪我而形骸豈足爲累乎？若子祀、子輿、子犂、子來之四人，了於真空，達於無爲，不知生死存亡之變，而四人入道而爲友，所謂至人而已矣。雖然，形之曲僂跰䠎，而不足爲累也。

子祀曰：「汝惡之乎？」曰：「亡，予何惡？浸假而化予之左臂以爲雞，予因以求時夜；浸假而化予之右臂以爲彈，予因以求鴞炙；浸假而化予之尻以爲輪〔一〕，以神爲馬，予因而乘之，豈更駕哉？

以臂爲雞彈，以尻爲輪，以神爲馬，此言萬物皆備於我身。我能了之，則足以乘而遊於形骸之外，而出入於生死之域，豈止息而更駕乎？所以與造化冥運也。故曰：「豈更駕哉？」

且夫得者，時也；失者，順也；安時而處順，哀樂不能入也。此古之所謂縣解也，而不能自解者，物有結之。且夫物不勝天久矣，吾又何惡焉？」俄而子來有病，喘喘然將死，其

〔一〕「輪」，原作「車」，據四庫本、《二十二子》本及《新傳》「以尻爲輪」改。

妻子環而泣之。犁往問之，曰：「叱，避，無怛化。」倚其户與之語曰：「偉哉造化。又將奚以汝爲，將奚以汝適？以汝爲鼠肝乎？以汝爲蟲臂乎？」子來曰：「父母於子，東西南北，唯命之從。陰陽於人，不翅於父母，彼近吾死而我不聽，我則悍矣，彼何罪焉。夫大塊載我以形，勞我以生，佚我以老，息我以死。故善吾生者，乃所以善吾死也。

得者，時也，所謂翛然而來是也。失者，順也，所謂翛然而往是也。來則不可禦，往則不可止，安於來而順於往，憂喜豈能役我乎？蓋心無所係而已矣。故曰：「安時處順，哀樂不能入也，此古之所謂縣解也。」雖然，心無所係，而真空矣；一有妄想，則萬態交至而相惑。故曰：「而不自解者，物有以結之。」夫心者，人之天；而物者，人〔二〕之累，我能固心絶累，則萬物豈能爲敵乎？故曰：「物不勝天久矣，吾又何惡焉？」此至人忘己如此也。

今大冶鑄金，金踊躍曰：『我且必爲鏌鋣。』大冶必以爲不祥之金。今一犯人之形，而曰『人耳人耳』，夫造化者必以爲不祥之人。今一以天地爲大鑪，以造化爲大冶，惡乎往而不可哉？」成然寐，蘧然覺。

〔二〕「人」，四庫本作「心」。

夫有意於爲人，則未必爲於〔二〕人，而適取化工之所惡，由金有意爲鏌鋣，而大冶所以惡之矣。此不任其自然也。惟至人與化同體，任其自然，合萬物以爲一，而未嘗分彼我之異，所適而無不可也。故曰：「今以天地爲大鑪，以造化爲大冶，惡乎往而不可哉？」故成然寐者，所謂暫往也；蘧然覺者，所謂暫來也。

子桑户、孟子反、子琴張三人相與友，曰：「孰能相與於無相與，相爲於無相爲？孰能登天遊霧，撓挑無極；相忘以生，無所終窮？」三人相視而笑，莫逆於心，遂相與友。

相與於無相與者，所謂合天人而不以人助天也。相爲於無相爲者，所謂物物而不物於物也。登天遊霧者，所謂乘虛御氣也。撓無極者，所謂遍法界也。此皆無我而能然。既無我則外生，外生則不可知其極盡矣。故曰：「相忘以生，無所終窮。」斯三人可謂通達而無礙矣。

莫然有間而子桑户死，未葬。孔子聞之，使子貢往待事焉。或編曲，或鼓琴，相和而歌曰：「嗟來桑户乎，嗟來桑户乎。而已反其真，而我猶爲人猗。」子貢趨而進曰：「敢問臨尸而歌，禮乎？」

〔二〕「爲於」，四庫本作「於爲」。

常人以死爲喪真，故悲哀而已矣；至人以死爲反真，故無悲哀而已矣。無悲哀，則編曲、鼓琴不足以怪也。子貢何必問之歟？

二人相視而笑，曰：「是惡知禮意。」子貢反，以告孔子，曰：「彼何人者邪？脩行無有，而外其形骸，臨尸而歌，顔色不變，無以命之。彼何人者邪？」

禮者，忠信之薄，而凡常之桎梏也。常人拘執而務相爲誇尚，故得其薄而不得其厚，知其外而不知其意；至人達觀而屈〔一〕伸動静處其厚，語默言笑知其意，豈務屑屑而拘執歟？此子貢責孟子反、子琴張之禮而宜乎？二人反笑其不知禮意也。故曰：「是惡知禮意。」

孔子曰：「彼，遊方之外者也；而丘，遊方之内者也。外内不相及，而丘使女往弔之，丘則陋矣。

遊方之外者，所謂不入於形器也；遊方之内者，所謂入於形器也。及仲尼之道至大，而亦不可以形器拘流，則〔二〕行不以己而其言使中人之可行，此所以有遊方内之言也。遊方之内則比於拔俗、潔身、絕世、無拘之人，則爲陋矣，故曰「丘則陋矣」。

〔一〕「屈」，四庫本作「曲」。
〔二〕「流則」，四庫本作「然制」。

彼方且與造物者爲人，而遊乎天地之一氣。彼以生爲附贅縣疣，以死爲決疣潰癰。夫若然者，又惡知死生先後之所在？假於異物，托於同體；亡其肝膽，遺其耳目；反覆終始，不知端倪；芒然彷徨乎塵垢之外，逍遥乎無爲之業。彼又惡能憒憒然爲世俗之禮，以觀衆人之耳目哉？」子貢曰："然則夫子何方之依？"曰："丘，天之戮民也。雖然，吾與汝共之。」

夫至人者，與造化同功，而冥運於天地之間，以生爲外物，以死爲復真。生不求其始，而死不知其終，異物非我之所異，而我非異物之所殊，曠然兩忘而俱非我有，内寓六骸而外象耳目，周流無極而莫窮本始，超然遊六虚之外，而寂然處真空之内，豈務拘執於禮法而駭凡常之聞見乎？故曰："彼又惡能憒憒然爲世俗之禮，以觀衆人之耳目哉？"然而至人之如此者，達乎性命之理，而非有所依著也。子貢不知，而復問其何方之依，宜乎仲尼答之以"丘，天之戮民"，"吾與汝共之"也。夫所謂天之戮民者，安天之命而以禮自拘也。夫安天之命則至命也，以禮自拘則盡性也，此仲尼之所以聖者歟？

子貢曰："「敢問其方。」孔子曰："「魚相造乎水，人相造乎道。相造乎水者，穿池而養給；相造乎道者，無事而生定。故曰：魚相忘乎江湖，人相忘乎道術。」

道無不在，而無有所拘。儻適其理，則生可自定，由魚之在池則亦可以生，何必泳海而方生也？故曰：「相造乎道者，無事而生定。」然水者，魚之所適也；道者，人之所依也，魚適於水而能忘水，則其性所以存存也；人依於道而忘於道，則其生所以生生也。故曰：「魚相忘乎江湖，人相忘乎道術。」

子貢曰：「敢問畸人。」曰：「畸人者，畸於人而侔於天。故曰：天之小人，人之君子；人之君子，天之小人也。」

聖人無我而與物齊諧，安俟獨侔於天也。方外之士，介然拔俗而與物不耦，所以獨侔於天也。獨侔於天，則是人之君子矣。若子桑户、孟子反、子琴張者，所謂人之君子歟？故曰：「天之小人，人之君子；人之君子，天之小人也。」

顔回問仲尼曰：「孟孫才，其母死，哭泣無涕，中心不慼，居喪不哀。無是三者，以善喪蓋魯國。固有無其實而得其名者乎？回一怪之。」仲尼曰：「夫孟孫氏盡之矣，進於知矣。唯簡之而不得，夫已有所簡矣。孟孫氏不知所以生，不知所以死；不知就先，不知就後；若化爲物，以待其所不知之化已乎？且方將化，惡知不化哉？方將不化，惡知已化哉？吾特與汝，其夢未始覺者邪？

至人忘生死之極，達聚散之常，生不爲之樂，而死不爲之悲。故孟孫才之母死，其哭無涕，其心不慼，其居喪不哀者，盡於反真之理而不慼不哀，此所以得名於魯國也。顔回徒見其外，而未得其内，故曰「回一怪之」。仲尼能得其内而又見其外，故曰「盡之矣」。進於知者，夫能盡反真之理矣，蓋能取於道也，故曰「已有所簡矣」。能取於道，則魄然無己，而吾非我，有其生死、先後、化與不化，不知其所然，與之俱往俱來，此孟孫氏能於夢寐之中而自覺，仲尼所以稱己與顔回不及矣。故曰：「吾與汝，其夢未始覺者耶？」

且彼有駭形而無損心，有旦宅而無情死。孟孫氏特覺，人哭亦哭，是自其所以乃。且也相與吾之耳矣，庸詎知吾所謂吾之乎？

有駭形者，所謂人哭亦哭也；無損心者，所謂不慼不哀也；有旦宅者，所謂以形爲旅寄也；無情死[一]者，所謂不徇適去也。如此則物非我異，身非我有。故曰：「庸詎知吾所謂吾之乎？」

且汝夢爲鳥而厲乎天，夢爲魚而没於淵。不識今之言者，其覺者乎？其夢者乎？

夢爲鳥者必飛，夢爲魚者必潛，此理勢之自然也。故曰：「且汝夢爲鳥而厲乎天，夢

[一]「情死」，原作「死情」，據四庫本及前引《莊子》原文改。

爲魚而没於淵。」夫夢之與覺，生之與死，混然一致而皆爲真空，何足哀樂於其間也？故曰：「不識今之言者，其覺者乎？其夢者乎？」

造適不及笑，獻笑不及排。

造適者，非勉力而真爲也；獻笑者，非樂然後笑也。笑者，至也；排者，去也。非真爲則出於强，故不及至而止矣，故曰「造適不及笑」。非樂笑則亦出於强，故不及去而自止矣，故曰「獻笑不及排」。孟孫才之哭泣何異造適獻笑乎？

安排而去化，乃入於寥天一。」

生〔一〕人者，安於暫往，忘於已化，適於高遠，侔於上天，明于一致，故曰：「安排而化去，乃入於寥天一。」夫生死之變至大矣，而達者了之而不以爲大。當其生則爲時，當其去則能順，窈然無意於其間也，然子反琴之歌曲與莊子鼓盆之意同，孟孫才之哭泣與秦失三號之意同，此皆至人之所爲，非聖人不能知之矣。

意而子見許由。許由曰：「堯何以資汝？」意而子曰：「堯謂我：『汝必躬服仁義而明言

〔一〕「生」，四庫本作「至」。

是非。』」許由曰：「而奚來〔一〕爲軹〔二〕？夫堯既已黥汝以仁義，而劓〔三〕汝以是非矣，汝將何以遊夫遥蕩恣睢轉徙之塗乎？」意而子曰：「雖然，吾願遊於其藩。」許由曰：「不然。夫盲者無以與乎眉目顔色之好，瞽者無以與乎青黄黼黻之觀。」意而子曰：「夫無莊之失其美，據梁之失其力，黄帝之亡其知，皆在鑪捶之間耳。庸詎知夫造物者之不息我黥而補我劓，使我乘成以隨先生邪？」許由曰：「噫，未可知也。我爲汝言其大略。吾師乎，吾師乎。䪡萬物而不爲義，澤及萬世而不爲仁，長於上古而不爲老，覆載天地刻彫衆形而不爲巧，此所遊已。

意而子者，無意也；許由者，無爲也。以無意而對無爲，其於道也爲得矣，此莊子所以託言二子之答問矣。夫仁義者，道之迹；是非者，智之端。渾而内冥，則皆不出於道；散而外著，則未能免其累。意而子言堯使其服仁義，言是非者，所謂散道而外著也，焉能免累而止止歟？此許由所以有黥劓之言，而又曰：「汝遊夫遥蕩恣睢轉徙之塗乎？」然意而子雖云無意，而由有心焉，是以未樂。盡道之妙壼而止，願

〔一〕「來」，原作「求」，據四庫本、《二十二子》本改。
〔二〕「軹」，原作「轃」，據四庫本、《二十二子》本改。
〔三〕「劓」，原作「川」，據四庫本、《二十二子》本改。

遊其藩傍也，故曰「願遊於其藩」。遊於其藩者，則有時而止，此許由所以引其師而復諭之也。夫𩐋萬物而不爲義，澤萬世而不爲仁者，其道渾而爲一也。長於上古而不爲老者，其出歸於無極也。覆載天地，彫刻衆形而不爲巧者，化而不涉爲之之迹也。此皆無心之所致。無心者，乘物以遊心，而無所不至〔二〕也，故曰「此所遊已」。許由之師可謂大宗師，莊子所以託言於終也。故意而子無莊據梁者，皆莊子製名而寓意。

顏回曰：「回益矣。」仲尼曰：「何謂也？」曰：「回忘仁義矣。」曰：「可矣，猶未也。」它日復見，曰：「回益矣。」曰：「何謂也？」曰：「回忘禮樂矣。」曰：「可矣，猶未也。」它日復見，曰：「回益矣。」曰：「何謂也？」曰：「回坐忘矣。」仲尼蹵然曰：「何謂坐忘？」顏回曰：「墮枝體，黜聰明，離形去知，同於大通，此謂坐忘。」仲尼曰：「同則無好也，化則無常也。而果其賢乎？丘也請從而後也。」

仲尼者，無我也；顏回者，克己也。以克己而師無我，則其進所以終至於無我。此莊子所以言顏回始忘仁義，次忘禮樂，而終至於坐忘。坐忘者，無我而無所不忘，而

〔二〕「至」，四庫本作「致」。

前所謂未始有回是也。夫無我者，天地萬物之所宗師也。

子輿與子桑友，而霖雨十日。子輿曰：「子桑殆病矣。」裹飯而往食之。至子桑之門，則若歌若哭，鼓琴曰：「父邪，母邪，天乎，人乎。」有不任其聲而趨舉其詩焉。子輿入，曰：「子之歌詩，何故若是？」曰：「吾思夫使我至此極者而弗得也。父母豈欲吾貧哉？天無私覆，地無私載，天地豈私貧我哉？求其爲之者而不得也。然而至此極者，命也夫。」

至人者，一委於命，而無累於物，故富貴、貧賤、生死之變，窈然盡忘而不介於胸中。此子桑貧而以言其命也，故曰「命也夫」。夫莊子作《大宗師》之篇，而始言其知天，次言其知人，而終言其委[一]命者，蓋明能知天則所謂窮理也，能知人則所謂盡性也，能委命則所謂至命也。窮理盡性而至於命，此所以爲大宗師也，故終之以命焉。此莊子之爲書篇之始終皆有次序也，學者宜求其意焉。

[一]「委」，四庫本作「知」。

應帝王篇

夫〔一〕出德而入道，入道而盡妙，此物之所以同歸而宗師也。物之所同歸則應，可以爲帝王。此莊子作《應帝王》之篇，而次於《大宗師》也。

齧缺問於王倪，四問而四不知。齧缺因躍而大喜，行以告蒲衣子。蒲衣子曰：「而乃今知之乎？

帝王之道，在於無爲。無爲則無迹，無迹則不可言。此王倪所以不答齧缺之問也。夫齧缺者，道不全之稱也；王倪者，王道之本也。以其知道之不全而不得不問，以其得道之端本而言不知。不知者，深知也。然齧缺遽悟王倪不知之意，而爵躍大喜，而退以告蒲衣子，蒲衣子遂與言其無爲之妙也。夫無爲者道之真，而莊子故於篇首而言之。

〔一〕「夫」，原作「天」，據四庫本改。

有虞氏不及泰氏。有虞氏，其猶藏仁以要人，亦得人矣，而未始出於非人。泰氏，其卧徐徐，其覺于于；一以己爲馬，一以己爲牛；其知情信，其德甚真，而未始入於非人。」

泰氏、虞氏，均爲無爲。然虞氏不及泰氏者，非道之所以不同，以其時變之異耳。夫泰氏之世，任其自然，萬物齊諧而無彼我、異同之辯。故曰：「其卧徐徐，其覺于于；一以己爲馬，一以己爲牛。」不知而所以交孚，自得而所以内直。故曰：「其知情信，其德甚真。」好惡俱泯而出於是非之域。故曰：「而未始入於非人。」夫如此者，時之然也。虞氏之世，治有使然，物我自殊，而有彼我異同之辯；非仁不足以齊之。故曰：「其由臧仁以要人，亦得人矣。」得於人者，好惡所以形而入於是非之域。故曰：「而未始出於非人。」夫如此者，亦時之然也。故以道觀之，則焉有不及；以時言之，則小有不同。蒲衣子欲極言無爲之妙，而所以以虞氏不及泰氏也。

肩吾見狂接輿。狂接輿曰：「日中始何以語女？」肩吾曰：「告我：君人者以己出經式義度，人孰敢不聽而化諸？」狂接輿曰：「是欺德也；其〔二〕於治天下也，猶涉海鑿河而使蚉負山也。夫聖人之治也，治外乎？正而後行，確乎能其事者而已矣。且鳥高飛以避

〔二〕「其」，原作「仕」，據四庫本、《二十二子》本改。

矰弋之害，鼷鼠深穴乎神丘之下，以避熏鑿之患，而曾二蟲之無知乎？」

肩吾、接輿所稱之意，已解於《逍遥》篇。日中始者，此亦莊子製名寓意也。經，常也；常者，久也。久於其道，則天下化成，故曰「以己出經。」式，用也；用者，庸也。寓諸庸而無不當，故曰「式義度人。」如此，則本末兼全而内外俱治矣。夫帝王之道，無爲爲本，而有爲爲末。無爲有爲均是至妙，任之各以時也。接輿知本而不知末，知無而不知有，所以有聖人治外乎之言也。又引鳥、鼠、二蟲而明於無爲。夫鳥之飛，鼠之穴者，此自然也，有矰弋熏鑿之害，而然後其飛高至于天，而其穴必在神丘之下，此使然也。自然者無爲，而使然者有爲，有爲亦不出於飛穴之外也。接輿自言於本末，而不識其本末矣。

天根遊於殷陽，至蓼水之上，適遭無名人而問焉，曰：「請問爲天下。」無名人曰：「去，汝鄙人也，何問之不預〔一〕也。予方將與造物者爲人，厭則又乘夫莽眇之鳥，以出六極之外，而遊無何有之鄉，以處壙埌〔二〕之野。汝又何帠以治天下感予之心爲？」

天根者，老子所謂「是爲天地根」是也；無名者，老子所謂「無名天地之始」是

〔一〕「預」，四庫本作「豫」。
〔二〕「埌」，原作「垠」，據四庫本、《二十二子》本改。

也；爲天地根，又爲天地始，此道之所以至妙也。莊子製二子之名而取其意。夫無名必至於有名，有名，萬物之母也。故曰：「予方將與造物者爲人。」乘莽眇之鳥者，言其輕舉而不更駕也；出六極之外者，言不入於形器也；遊無何有之鄉者，言入真空之奥也；處壙垠之野者，言居無盡之外也；此則無爲無心而天下自治矣。故曰：「汝又何昇以治天下感予之心爲？」此所以足爲帝王矣。

又復問。無名人曰：「汝遊心於淡，合氣於漠，順物自然而無容私焉，而天下治矣。」陽子居見老聃，曰：「有人於此，嚮疾彊梁，物徹疏明，學道不勌。如是者，可比明王乎？」老聃曰：「是於聖人也，胥易技係，勞形怵心者也。且也虎豹之文來田，猨狙之便執斄之狗來藉。如是者，可比明王乎？」

夫接輿者，止知無爲也。天根者，止知有爲也。知無爲者，不得不諭以有爲，故肩吾答接輿以出己、式義之言也。知有爲者，不得不諭之以無爲，此無名復答天根以遊心合氣之言也。夫遊心者，汎然自得而復於至静也，故曰「遊心於淡」。合氣者，其息深深而歸於至虚也，故曰「合氣於漠」。虚静無爲而又能與物不迕，而不背公，此天下之所以自治也。故曰：「順物自然而無容私焉，而天下治矣。」

陽子居蹵然曰：「敢問明王之治。」老聃曰：「明王之治，功蓋天下而似不自己，化貸萬

物而民弗恃；有莫舉名，使物自喜；立乎不測，而遊於無有者也。」

陽子居者，亦莊子製名寓意也。問明王之道者，是問帝王之道也。夫明王之所爲，功及天下而身不居，贍足萬物而下不知，處乎至妙而任乎無爲，此所以爲明王之道也，豈以疏明不勸而爲之歟？此陽子居未爲知道之本末也。

鄭有神巫曰季咸，知人之死生存亡，禍福壽夭，期以歲月旬日，若神。鄭人見之，皆棄而走。列子見之而心醉，歸以告壺子，曰：「始吾以夫子之道爲至矣，則又有至焉者矣。」壺子曰：「吾與汝既其文，未既其實，而固得道與？衆雌而無雄，而又奚卵焉？而以道與世亢，必信，夫故使人得而相汝。嘗試與來，以予示之。」明日，列子與之見壺子。出而謂列子曰：「嘻，子之先生死矣，弗活矣，不以旬數矣。吾見怪焉，見濕灰焉。」列子入，泣涕沾襟以告壺子。壺子曰：「鄉〔一〕吾示之以地文，萌乎不震不正。是殆見吾杜德機也。嘗又與來。」明日，又與之見壺子。出而謂列子曰：「幸矣，子之先生遇我也。有瘳矣，全然有生矣，吾見其杜權矣。」列子入，以告壺子。壺子曰：「鄉吾示之以天壤，名實不入，而機發於踵。是殆見吾善者機也。嘗又與來。」明日，又與之見壺子。出而謂列

〔一〕「鄉」，原作「鄕」，據四庫本改。

子曰：「子之先生不齋〔二〕，吾無得而相焉。試齋，且復相之。」列子入，以告壺子。壺子曰：「吾鄉示之以太冲莫勝。是殆見吾衡氣機也。鯢桓之審爲淵，止水之審爲淵，流水之審爲淵。淵有九名，此處三焉。嘗又與來。」明日，又與之見壺子。立未定，自失而走。壺子曰：「追之。」列子追之不及。反，以報壺子曰：「已滅矣，已失矣，吾不及已。」壺子曰：「鄉吾示之以未始出吾宗。吾與之虚而委蛇，不知其誰何，因以爲茅〔三〕靡，因以爲波流，故逃也。」然後列子自以爲未始學而歸，三年不出。爲其妻爨，食豕如食人。於事無與親，雕琢復朴，塊然獨以其形立。紛而封哉，一以是終。

夫侔於天地，同於造化者，帝王之道也。帝王之道出於無爲之際，而運於心術之間，其妙所以入無方之神，而其徼所以出至虚之域，冥諸内以忘其外，潛其神以喪其形，千變萬化而不可測矣。若壺子之所變本于無爲而入於無方，虚静杳寂而忘外喪形，此神巫之不能相也。夫鄭巫者，所謂人知其神而不神也；壺子者，所謂人不知其神而入神也。夫莊子言帝王之道而言及於神者，以帝王之道入神則方盡於妙也。故

〔二〕「齋」，四庫本、《二十二子》本均作「齊」，下句同。

〔三〕「茅」，四庫本、《二十二子》本均作「弟」。

引壺子之事而明之，言其如此則方可爲帝王也。

無爲名尸，無爲謀府；無爲事任，無爲知主。體盡無窮，而遊無朕；盡其所受乎天，而無見得，亦虚而已。至人之用心若鏡，不將不迎，應而不藏，故能勝物而不傷。

無爲名尸者，任其自然而名正也；無爲謀府者，寂然不動而無思也；無爲事任者，汎然無係而不役於物也；無爲智王〔一〕者，藏其天真而不用機心也；體盡無窮者，不求其終也；而遊無朕者，不顯其迹也；盡其所受乎天者，至命也；而無見得者，無得而無喪也；亦虚而已者，道至此而極於真空也。夫至虚而極於真空者，物來則應，事至則辨，所以勝物而物莫能傷矣。故曰：「至人之用心若鏡，不將不迎，應而不藏，故能勝物而不傷。」夫帝王之道，極妙之如此，故於終篇而言之也。

南海之帝爲儵，北海之帝爲忽，中央之帝爲渾沌。儵與忽時相與遇於渾沌之地，渾沌待之甚善。儵與忽謀報渾沌之德，曰：「人皆有七竅以視聽食息，此獨無有，嘗試鑿之。」日鑿一竅，七日而渾沌死。

夫無乎不在，無有不至，體之而不見其體，用之而不見其用，天下萬物由之而不能知

〔一〕「王」，四庫本作「主」。

之者，道也。道無方也，無體也，無爲也，無名也。有方則有體，有爲則有名。名立則道之所以不全，此莊子所以有南、北、中央帝之言也。夫南北，言其方也；帝者，況其體也；相遇，喻其爲也；儵、忽、渾沌，言其名也。此寓言道散而不全也。道既散而渾合者，亦不復完，故曰「七日而渾沌死」。夫渾沌者，言其道合而一致。得其妙者，足以逍遥，足以齊物，足以養生，足以經世，足以充德，足以爲宗師，而冥然無方無體也。至于足以爲帝王，則是道之所以散而有爲有名也。有爲有名，則道豈復合而渾歟？此所以終言渾沌之死也。七日者，七篇之數也，此莊子盡道於内篇之七也。夫内篇者，皆性與天道聖人之事，而非淺見得以知之矣。然終之於「帝王」篇者，以帝者聖之餘，而王則外而已矣，是以終之焉。

南華真經新傳卷之七

宋王元澤傳

外篇　天道篇

夫天下之世俗，外效曾、史、楊、墨之所爲，而内失其自然之正性。正性失，則不能無爲而安静矣。莊子因而作《天道》篇。

天道運而無所積，故萬物成；帝道運而無所積，故天下歸；聖道運而無所積，故海内服。明於天，通於聖，六通四辟於帝王之德者，其自爲也，昧然無不静者矣。

無爲爲之之謂天，審諦不妄之謂帝，大而化之之謂聖。天與帝、聖，皆出於道，而所以通達矣，故天道無爲而行健，萬物所以資始也。故曰：「天道運而無所積，故萬物成。」〔一〕故曰：「帝道運而無所積，故天下歸。」聖道自然而彌綸民心，所以悦懷也。

〔一〕「故萬」至下句「所積」原脱，據四庫本補，另四庫本注文云：「原本有闕文」。

故曰：「聖道運而無所積，故海内服。」明於天者，知天也；通於聖者，入聖也。知天則達於無爲，入聖則任於自然。如此則了於帝王之德，而其所爲寂然而物莫足〔一〕矣。故曰：「明於天，通於聖，六通四辟於帝王之德者，其無爲也，無不静矣。」

聖人之静也。非曰静也善，故静也；萬物無足以鐃心者，故静也。水静則明燭鬚眉，平中准，大匠取法焉。水静猶明，而况精神。聖人之心静乎，天地之鑒也，萬物之鏡也。夫虚静恬淡寂漠無爲者，天地之平而道德之至，故帝王聖人休焉。休則虚，虚則實，實者倫矣。虚則静，静則動，動則得矣。静則無爲，無爲也則任事者責矣。無爲則俞俞，俞俞者憂患不能處，年壽長矣。夫虚静恬淡寂漠無爲者，萬物之本也。明此以南鄉，堯之爲君也；明此以北面，舜之爲臣也。以此處上，帝王天子之德也；以此處下，玄聖素王之道也。以此退居而間遊，江海山林之士服；以此進爲而撫世，則功大名顯而天下一也。静而聖，動而王，無爲也而尊，樸素而天下莫能與之争美。

聖人非有意於静，以其歸根而静也。歸根而静，則静之至。故曰：「非曰静也善，故静也。」夫静之至，則嗜慾忘而天機深，外物安，足以動矣。故曰：「萬物無足以鐃

〔一〕「足」，四庫本作「礙」。

其心者，故静也。」然而聖人之至静，愈於水之所静也。水静則明見於毫末，其平則大匠取法焉。聖人之心静，則精神完復而洞徹，雖天地之大，萬物之衆，不可逃吾照知〔二〕也。故曰：「而況精神。聖人之心静乎，天地之鑒也，萬物之鏡也。」虚者，所謂曠兮若谷也；静者，所謂其息深深也；恬淡者，所謂希夷也；寂漠者，所謂晦默也；無爲者，所謂自然也；此皆真空妙有之至也。雖天地道德不出於此數者矣，帝聖所以處之而息焉。故曰「夫虚静恬淡寂漠無爲者，天地之平，道德之至，故帝王聖人休焉。」夫帝聖既處此數者而休心〔三〕，心休則虚，虚則静，静則無爲，無爲則自得矣。然而虚則未嘗不實，實則極天下之理也。故曰：「虚則實，實者倫矣。」静則亦未嘗不動，動則無一事之失也。故曰：「静則動，動則得矣。」無爲則亦未嘗不爲，爲則無有不當也。故曰：「無爲也則任事者責矣。」任事者責矣則自得，自得則悲哀不能入而形未嘗哀也。故曰：「無爲則俞俞，俞俞者憂患不能處，年壽長矣。」

夫明白於天地之德者，此之謂大本大宗，與天和者也；所以均調天下，與人和者也。與人和者，謂之人樂；與天和者，謂之天樂。莊子曰：「吾師乎，吾師乎，𩐋萬物而不爲戾，

〔二〕「知」，四庫本作「之」。
〔三〕「休心」，四庫本作「心休」。

澤及萬世而不爲仁，長於上古而不爲壽，覆載天地刻彫衆形而不爲巧，此之謂天樂。故曰：知天樂者，其生也天行，其死也物化。静而與陰同德，動而與陽同波。故知天樂者，無天怨，無人非，無物累，無鬼責。故曰：『其動也天，其静也地，一心定而王天下；其鬼不祟，其魂不疲，一心定而萬物服。』言以虚静推於天地，通於萬物，此之謂天樂。天樂者，聖人之心，以畜天下也。」

静則歸根而晦默寂然，所以自得也，故曰「静則與陰同德」〔二〕。動則愈出而明白汎然，所以無礙也，故曰「動則與陽同波」。此天樂之至也。夫天樂者，孔孟之所謂樂天也。樂天則萬物不足以憂之，而樂之至也，故曰天樂也。

夫帝王之德，以天地爲宗，以道德爲主，以無爲爲常，無爲也，則用天下而有餘；有爲也則爲天下用而不足。故古之人貴夫無爲也。上無爲也，下亦無爲也，是下與上同德，下與上同德則不臣；下有爲也，上亦有爲也，是上與下同道，上與下同道則不主。

付物自然，則贍足萬物而不絶。故曰：「無爲也，則用天下而有餘。」俾物使然，則萬物相役而力不贍。故曰：「有爲也，則爲天下用而不足。」非帝王之道也。

〔二〕「德」，原作「化」，據四庫本及前引《莊子》原文改。

上必無爲而用天下，下必有爲爲天下用，此不易之道也。

主者，天道也；臣者，人道也。天不得不無爲，人不得不有爲。無爲所以無心於天下，而天下歸於役使也；有爲所以有心於天下，而天下從而役使也。歸其役使者常逸，從而役使者常勞，此萬世不變之道也。故曰：「上必無爲而用天下，下必有爲爲天下用。此不易之道也。」

故古之王天下者，知雖落天地，不自慮也；辯雖彫萬物，不自説也；能雖窮海内，不自爲也。天不産而萬物化，地不長而萬物育，帝王無爲而天下功。故曰：莫神於天，莫富於地，莫大於帝王。故曰：帝王之德配天地。此乘天地，馳萬物，而用人羣之道也。本在於上，末在於下；要在於主，詳在於臣。三軍五兵之運，德之末也；賞罰利害，五刑之辟，教之末也；禮法度數，刑名比詳，治之末也；鐘鼓之音，羽旄之容，樂之末也；哭泣衰經，隆殺之服，哀之末也。此五末者，須精神之運，心術之動，然後從之者也。末學者，古人有之，而非所以先也。

莊子之作此篇，首言天帝、聖人之道，而次言虚静恬淡之妙，次又言天樂帝王之德，所以極明無爲之妙理也。夫無爲者，必至於有爲，有爲則有迹而已矣。故繼言其兵軍、賞罰、禮、樂、喪哀之五事，所以極言有爲之迹也。然而又慮後之治天下者，以治天下之道不出於此五者，而用之以失其真性，遂稱五事爲德教、禮樂、喪哀之末也。夫有末者，必有本，本則無爲之理也。理不出性命之際，而知其理而順之，則五者自行而已矣。故曰：「此五者，須精神之運，心術之動，然後從之者也。」

君先而臣從，父先而子從，兄先而弟從，長先而少從，男先而女從，夫先而婦從。夫尊卑先後，天地之行也，故聖人取象焉。天尊，地卑，神明之位也；春夏先，秋冬後，四時之序也。萬物化作，萌區有狀；盛衰之殺，變化之流也。夫天地至神，而有尊卑先後之序，而況人道乎？宗廟尚親，朝廷尚尊，鄉黨尚齒，行事尚賢，大道之序也。語道而非其序者，非道也；語道而非其道者，安取道。

夫莊子之此篇，深明自然之道，所謂知於天而已。至此而言君臣、父子、兄弟、少長、男女、夫婦、尊卑、先後之序，亦所謂知於人而已。荀子言莊子蔽於天而不知人，周豈爲不知於人歟？

是故古之明大道者，先明天而道德次之，道德已明而仁義次之，仁義已明而分守次之，分守已明而刑〔二〕名次之，刑名已明而因任次之，因任已明而原省次之，原省已明而是非次

〔二〕「刑」，四庫本作「形」，下文同。

之，是非已明而賞罰次之；賞罰已明而愚知處宜，貴賤履位，仁賢不肖襲情，必分其能，必由其名。以此事上，以此畜下，以此治物，以此脩身；知謀不用，必歸其天，此之謂太平，治之至也。故書曰：「有刑有名。」刑名者，古人有之，而非所以先也。古之語大道者，五變而刑名可舉，九變而賞罰可言也。驟而語刑名，不知其本也；驟而語賞罰，不知其始也。倒道而言，迕道而説者，人之所治也，安能治人？驟而語刑名賞罰，此有知治之具，非知治之道；可用於天下，不足〔二〕以用天下；此之謂辯士，一曲之人也。禮法數度，刑名比詳，古人有之，此下之所以事上，非上之所以畜下也。

萬物待是而後存者，天也；莫不由是而之焉者，道也。道之在我者，德也。以德愛者，仁也；愛而宜者，義也。仁有先後，義有上下，謂之分；先不擅後，下不侵上，謂之守。刑者，物此者也；名者，命此者也。所謂物此者，何也？貴賤親踈所以表飾之，其物不同者是也。所謂命此者，何也？貴賤親踈所以稱號之，其命不同者是也。物此者，貴賤各有容矣；命此者，親踈各有其號矣。因親踈貴賤而任之，以其所宜爲，此之謂因任。因任之以其所宜爲矣，放而不察乎，則又既天地必原其情，必省其

〔二〕「足」，原脱，據四庫本、《二十二子》本補。

事，此之謂原省。原省明而後可以辨是非，是非明而後可以施賞罰。故曰：「先明天而道德次之，道德已明而仁義次之，仁義已明而分守次之，分守已明而刑名次之，刑名已明而因任次之，因任已明而原省次之，原省已明而是非次之，是非已明而賞罰次之。」此九變者，古之人孰不從之矣。至後世則不然，仰而曰彼蒼蒼而大者，何也？其去吾不知其幾千萬里，是豈能如我何哉？吾爲吾之所爲而已，安取彼於見〔一〕？遂棄道德，離仁義，略分守，慢刑名，忽因任，而忘原省，直信吾之是非而加人以其賞罰。於是乎天下始大亂，而寡弱者，號無告，聖人不作；諸子者，俟其間而出於偏見；言道德者，至於杳冥而不可考；而原一世之有爲者，爲不足以言刑名者，守物誦數罷苦，以至於老而疑〔二〕道德，彼皆忘其智，爲之不贍也，而魁然自以爲聖人者此矣，悲夫。故曰：「五變而刑名可舉，九變而賞罰可言。」語道而非序，安取其言也？

昔者舜問於堯曰：「天王之用心何如？」堯曰：「吾不敖無告，不廢窮民，苦死者，嘉孺子而哀婦人。此吾所以用心已。」舜曰：「美則美矣，而未大也。」堯曰：「然則何如？」

〔一〕「見」，四庫本作「是」。
〔二〕「疑」，四庫本作「凝」。

舜曰：「天德而出寧，日月照而四時行，若晝夜之有經，雲行而雨施矣。」堯曰：「然則膠膠擾擾乎？子，天之合也；我，人之合也。」夫天地者，古之所大也。而黄帝、堯、舜之所共美也。故古之王天下者，奚爲哉？天地而已矣。

夫堯不敖無告，不廢窮民，苦死者，嘉孺子哀婦人，此雖爲惠，而以心惠物也。夫以心惠物，則仁於一物，而所惠不廣矣，故舜曰「而未大也」，豈若無心惠物乎？故無心惠物，則所惠者大，而物安乎？故舜又曰「天德而出寧」。

孔子西藏書於周室，子路謀曰：「由聞周之徵藏史有老聃者，免而歸居，夫子欲藏書，則試往因焉。」孔子曰：「善。」往見老聃，而老聃不許，於是繙十二經以説。老聃中其説，曰：「太謾，願聞其要。」孔子曰：「要在仁義。」老聃曰：「請問，仁義，人之性邪？」孔子曰：「然。君子不仁則不成，不義則不生。仁義，真人之性也，又將奚爲矣？」老聃曰：「請問，何謂仁義？」孔子曰：「中心物愷。兼愛無私。此仁義之情也。」老聃曰：「意，幾乎後言。夫兼愛，不亦迂乎？無私焉，乃私也。夫子若欲使天下無失〔二〕其牧乎？則天地固有常矣，日月固有明矣，星辰固有列矣，禽獸固有羣矣，樹木固有立矣。夫子亦

〔二〕「失」，原作「先」，據四庫本、《二十二子》本改。

放德而行，循道而趨，已至矣。又何偈偈乎揭仁義，若擊鼓而求亡子焉？意，夫子亂人之性也。」士成綺見老子而問曰：「吾聞夫子聖人也，吾固不辭遠道而來願見，百舍重趼而不敢息。今吾觀子，非聖人也。鼠壤有餘蔬而棄妹，不仁也；生熟不盡於前，而積歛無崖。」老子漠然不應。士成綺明日復見，曰：「昔者吾有刺於子，今吾心正卻矣，何故也？」老子曰：「夫巧知神聖之人，吾自以爲脱焉。昔者子呼我牛也而謂之牛，呼我馬也而謂之馬。苟有其實，人與之名而弗受，再受其殃。吾服也恒服，吾非以服有服。」士成綺鴈行避影，履行遂進而問：「脩身若何？」老子曰：「而容崖然，而目衝然，而顙頯然，而口闞然，而狀義然，似繫馬而止也。動而持，發也機，察而審，知巧而覩於泰，凡以爲不信。邊境有人焉，其名爲竊。」老子曰：「夫道，於大不終，於小不遺，故萬物備。廣廣乎其無不容也，淵乎其不可測也。形德仁義，神之末也，非至人孰能定之。夫至人有世，不亦大乎，而不足以爲之累。天下奮棅而不與之偕，審乎無假而不與利遷，極物之真，能守其本，故外天地，遺萬物，而神未嘗有所困也。通乎道，合乎德，退仁義，賓禮樂，至人之心有所定矣。」世之所貴道者，書也，書不過語，語有貴也。語之所貴者意也，意有所隨。意之所隨者，不可以言傳也。

夫道，無乎不在也。雖天地之大，由之而生；蜩鷃之小，由之而成。故在於大，則亦未嘗不小；在於小，而亦未嘗不大。當在其大也，則不可知其極，故曰「於大不終」。當在其小，則不見不足，故曰「於小不遺」。大不知其極，小不見其不足，萬物之用無不備也，故曰「萬物廣備」。然萬物之既備，而無不涵容也，故曰「廣乎其無不容也」。容於萬物，而其深無涯也，故曰「淵乎其不可測也」。道之如此，而非至人，孰能體用矣。故至人之體道，天下雖廣而不以累心也。故曰：「有世，不亦大乎，而不足以爲之累。」權謀用而不與之偕也，故曰「天下奮棅而不與之偕」。明物儻來而不爲之役也，故曰「審乎無假而不與利遷」。辯是與非而不失性也，故曰「極物之真，能守其本」。至人如此，而天地不足拘，萬物不足累，性命安全，而汎然逍遥。故曰：「外天地，遺萬物，而神未嘗有所困也。」遠乎無爲，明乎自得，抑乎仁義，外乎禮樂，真君淵静而不動也。故曰：「退道德，賓禮樂，至人之心有所定矣。」

而世因貴言傳書。世雖貴之哉，猶不足貴也，爲其貴非其貴也。故視而可見者，形與色也；聽而可聞者，名與聲也。悲夫，世人以形色名聲爲足以得彼之情。夫形色名聲果不足以得彼之情，則知者不言，言者不知，而世豈識之哉？桓公讀書於堂上。輪扁斲輪於堂下，釋椎鑿而上，問桓公曰：「敢問，公之所讀者何言邪？」公曰：「聖人之言也。」

曰：「聖人在乎？」公曰：「已死矣。」曰：「然則君之所讀者，古人之糟粕已夫。」桓公曰：「寡人讀書，輪人安得議乎？有説則可，無説則死。」輪扁曰：「臣也以臣之事觀之。斲輪，徐則甘而不固，疾則苦而不入。不徐不疾，得之於手而應於心，口不能言，有數存焉於其間。臣不能以喻臣之子，臣之子亦不能受之於臣，是以行年七十而老斲輪。古之人與其不可傳也死矣，然則君之所讀者，古人之糟粕已夫。」

夫道，視之不見也，聽之不聞也，搏之不得也，不可以智度，不可以情求，妙而至妙，神而至神，惟聖人心得而知之矣。聖人心得而知之也，以道神妙深微而廣，後世不能知之矣。故載道之粗於其書，書所以爲道之粗迹也。桓公不能心得於至道，徒讀聖人之粗迹，宜乎輪扁之所以譏也。然輪扁雖譏於桓公，至于已之所輪，而其術雖爲得於心，亦未爲無失而已矣。夫破百年之木而操〔二〕之以爲輪，是使木失真性也，安若不斲於輪乎？二者均爲有爲之累。故莊子言於此篇終。

〔二〕「操」，四庫本作「揉」。

南華真經新傳卷之八

宋王元澤傳

天運篇

夫無爲者，天之妙道也。天道之止於無爲，則其道所以不爲；神惟能無爲而爲之，然後道妙而神矣。莊子因而作《天運》篇。

天其運乎？地其處乎？日月其爭於所乎？孰主張是？孰綱維是？孰居無事推而行是？意者其有機緘而不得已邪？意者其運轉而不能自止邪？雲者爲雨乎？雨者爲雲乎？孰隆施是？孰居無事遥樂而勸是？風起北方，一西一東，有上彷徨，孰嘘吸是？孰居無事而披拂是？敢問何故？巫咸祒曰：「來，吾語女。天有六極五常，帝王順之則治，逆之則凶。九洛之事，治成德備，監照下土，天下載〔一〕之，此謂上皇。」

〔一〕「載」，四庫本作「戴」。

夫日月雲雨風氣，皆天之用也；天有其用，而不用以爲用，則其用所以不息也。惟聖人法而用之，以宥於天下，故功所以不虧，而道所以曲全幽遠，無不照知，而民心推戴而存真也。故曰：「帝王順之則治，逆之則凶；九洛之事，治成德備，監照下土，天下戴之，此謂上皇。」

商太宰蕩問仁於莊子。莊子曰：「虎狼，仁也。」曰：「何謂也？」莊子曰：「父子相親，何爲不仁？」曰：「請問至仁。」莊子曰：「至仁無親。」太宰曰：「蕩聞之，無親則不愛，不愛則不孝。謂至仁不孝，可乎？」莊子曰：「不然。夫至仁尚矣，孝固不足以言之。此非過孝之言也，不及孝之言也。夫南行者至於郢，北面而不見冥山，是何也？則去之遠也。故曰：以敬孝易，以愛孝難；以愛孝易，而忘親難；忘親易，使親忘我難；使親忘我易，兼忘天下難；兼忘天下易，使天下兼忘我難。

至仁者未及於大仁，正[一]於不親而已矣，故曰「至仁不親」。不親則親之，視我豈有乎？故曰「使親忘我易」。親之忘我，則我止曰無心於親矣，豈爲無心於天下乎？故兼忘天下難。天下者，度外之一物耳。我豈視之爲有而累心之，亦可忘之而已

[一]「正」，四庫本作「止」。

矣，故曰「兼忘天下易」。然天下雖爲度外之一物，而萬物待我而贍足矣，故曰「使天下兼忘我難」。此至仁未爲兼忘也；惟大仁，任其自然，而付之自爲，所以兼忘而已矣。兼忘則入於真空矣。

夫德遺堯舜而不爲也，利澤施於萬世，天下莫知也，豈直太息而言仁孝乎哉？夫孝悌仁義，忠信貞廉，此皆自勉以役其德者也，不足多也。故曰：至貴，國爵并焉；至富，國財并焉；至願，名譽并焉。是以道不渝。」

夫萬物皆備於我，而我能全之而不虧，則至貴至富至願所以并之焉，其道安有加損矣。故曰：「至貴，國爵并焉；至富，國財并焉；至願，名譽并焉。是以道不渝。」

北門成問於黄帝曰：「帝張《咸池》之樂於洞庭之野，吾始聞之懼，復聞之怠，卒聞之而惑；蕩蕩默默，乃不自得。」帝曰：「汝殆其然哉。吾奏之以人，徽〔一〕之以天，行之以禮義，建之以太清。夫至樂者，先應之以人事，順之以天理，行之以五德，應之以自然，然後調理四時，太和萬物。〔二〕四時迭起，萬物循生；一盛一衰，文武綸經；一清一濁，陰陽調和，流光其聲；蟄蟲始作，吾驚之以雷霆；其卒無尾，其始無首；一死一生，一僨一起，

〔一〕「徽」，四庫本、《二十二子》本均作「徵」。

〔二〕「夫至樂」至「萬物」，原脱，據四庫本、《二十二子》本補。

所常無窮，而一不可待。汝故懼也。吾又奏之以陰陽之和，燭之以日月之明。其聲能短能長，能柔能剛；變化齊一，不主故常；在谷滿谷，在坑滿坑；塗郤守神，以物爲量。其聲揮綽，其名高明。是故鬼神守其幽，日月星辰行其紀。吾止之於有窮，流之於無止。子欲慮之而不能知也，望之而不能見也，逐之而不能及也；儻然立於四虚之道，倚於槁梧而吟。目知窮乎所欲見，力屈乎所欲逐，吾既不及已夫。形充空虚，乃至委蛇。汝委蛇，故怠。吾又奏之以無怠之聲，調之以自然之命。故若混逐叢生，林樂而無形；布揮而不曳，幽昏而無聲。動於無方，居於〔二〕窈冥；或謂之死，或謂之生；或謂之實，或謂之榮；行流散徙，不主常聲。世疑之，稽於聖人。聖也者，達於情而遂於命也。天機不張而五官皆備，此之謂天樂，無言而心悦。故有焱氏爲之頌曰：『聽之不聞其聲，視之不見其形，充滿天地，苞裹六極。』汝欲聽之而無接焉，而故惑也。樂也者，始於懼，懼故祟；吾〔三〕又次之以怠，怠故遁；卒之於惑，惑故愚；愚故道，道可載而與之俱也。」

夫天下至妙之道，當其渾也，天人、陰陽、萬物，纖悉無在焉；及其散也，天地設位，陰陽殊氣，物自爲物，無不由之矣。是以黄帝得之而所以全天樂。故莊子所以寓言

〔二〕「於」，原作「無」，據四庫本、《二十二子》本改。
〔三〕「吾」，原作「五」，據四庫本、《二十二子》本改。

黄帝之張《咸池》也。夫《咸池》者，道渾之喻也；奏之者，道散之謂也。道渾則所以有其體，道散則所以有其用。用則所以有爲，而有爲而羣生遂，則其樂豈有其聲歟？宜乎焱氏爲之頌，而言其聽之而不聞，視之而不見也。故視之而不見者，言其無體也；聽之而不聞者，言其無聲也。此明有爲卒至於無爲也。夫無爲，則復命而反真，故終曰：「愚故道，道可載而與之俱也。」

孔子西遊於衛。顔淵問師金曰：「以夫子之行爲奚如？」師金曰：「惜乎，而夫子其窮哉。」顔淵曰：「何也？」師金曰：「夫芻狗之未陳也，盛以篋衍，巾以文繡，尸祝齋戒以將之。及其已陳也，行者踐其首脊，蘇者取而爨之而已；將復取而盛以篋衍，巾以文繡，遊居寢卧其下，彼不得夢，必且數眯焉。今而夫子，亦取先王已陳芻狗，取弟子遊居寢卧其下。故伐樹於宋，削迹於衛，窮於商周，是非其夢邪？圍於陳蔡之間，七日不火食，死生相與鄰，是非其眯邪？夫水行莫如用舟，而陸行莫如用車。以舟之可行於水也，而求推之於陸，則没世不行尋常。古今非水陸與？周魯非舟車與？今蘄行周於魯，是猶推舟於陸也，勞而無功，身必有殃。彼未知夫無方之傳，應物而不窮者也。且子獨不見夫桔橰者乎？引之則俯，舍之則仰。彼人之所引，非引人也，故俯仰而不得罪於人。故夫三皇五帝之禮義法度，不矜於同而矜於治。故譬三皇五帝之禮義法度，其猶柤梨橘柚〔一〕邪。其味相反而皆可於口。故禮義法度者，應時而變者也。今取猨狙而衣以周公之服，彼必齕齧挽裂，盡去而後慊。觀古今之異，猶猨狙之異乎周公也。故西施病心而矉其里，其里之醜人見而美之，歸亦捧心而矉其里。其里之富人見之，堅閉門而不出；貧人見之，挈妻子而去之走。彼知美矉而不知矉之所以美。惜乎，而夫子其窮哉。」孔子行年五十有一而不聞道，乃南之沛見老聃。老聃曰：「子來乎。吾聞子，北方之賢者也，子亦得道乎？」孔子曰：「未得也。」老子曰：「子惡乎求之哉？」曰：「吾求之於度數，五年而未得也。」老子曰：「子又惡乎求之哉？」曰：「吾求之於陰陽，十有二年而未得。」老子曰：「然。使道而可獻，則人莫不獻之於其君；使道而可進，則人莫不進之於其親；使道而可以告人，則人莫不告其兄弟；使道而可以與人，則人莫不與其子孫。然而不可者，無他也，中無主而不止，外無正而不行。由中出者，不受於外，聖人不出；由外入者，無主於中，聖人不隱。名，公器也，不可多取。仁義，先王之蘧廬也，止可以一宿而不可以久處，覯而多責。古之至人，假道於仁，託宿於義，以遊逍遥之墟，食於苟簡之

〔一〕「橘柚」，原作「之食」，據四庫本、《二十二子》本改。

田，立於不貸之圃。逍遥，無爲也；苟簡，易養也；不貸，無出也。古者謂是采真之遊。以富爲是者，不能讓禄；以顯爲是者，不能讓名；親權者，不能與人柄。操之則慄，舍之則悲，而一無所鑒，以闚其所不休者，是天之戮民也。怨、恩、取、與、諫、教、生、殺八者，正之器也。唯循大變無所湮者爲能用之。故曰：正者，正也。其心以爲不然者，天門弗開矣。」

莊子之作，篇中言黄帝之張樂，次言孔子之西遊，是皆有爲之事也。故孔子西遊，而師金以其道而比芻狗，不及黄帝之事而已，故降一等而言之也。然師金止知孔子之道如無用之芻狗，而不知無用乃有用之妙也。夫黄帝之事，然爲有爲，而是皆有爲之至也。故有爲之至，則卒入於無爲，故繼言孔子問道於老聃也。夫道集於虚，而虚者足容於道也。虚則一，而行無不通也，故不虚則不集，故曰「内無主而不止」。不一則不通，故曰「外無正而不行」。夫集於内者，必行於外，所謂由中而出也。由中出者，豈爲自外而受歟？此聖人之所以固守也。故曰：「由中出者，不受於外，聖人不出。」夫行於外者，因集於内，所謂由外而入也。由外入者，豈爲不虚而集歟？此聖人之所以必行也。故曰：「由外入者，無主於中，聖人不隱。」此老聃言入道致用之終始也。

孔子見老聃而語仁義。老聃曰：「夫播穅眯目，則天地四方易位矣；蚊虻噆膚，則通昔不寐矣。夫仁義憯然，乃憤吾心，亂莫大焉。吾子使天下無失其朴，吾子亦放風而動，總德而立矣，又奚傑然若負建鼓而求亡子者邪？夫鵠不日浴而白，烏不日黔而黑。黑白之朴，不足以爲辯；名譽之觀，不足以爲廣。泉涸，魚相與處於陸，相呴以濕，相濡以沫，不若相忘於江湖。」孔子見老聃歸，三日不談。弟子問曰：「夫子見老聃，亦將何規哉？」孔子曰：「吾乃今於是乎見龍。龍，合而成體，散而成章，乘乎雲氣而養乎陰陽。予口張而不能嗋，予又何規老聃哉？」子貢曰：「然則，人固有尸居而龍見，雷聲而淵默，發動如天地者乎？賜亦可得而觀乎？」遂以孔子聲見老聃。老聃方將倨堂而應，微曰：「予〔二〕年運而往矣，子將何以戒我乎？」子貢曰：「夫三皇〔三〕五帝之治天下不同，其係聲名一也。而先生獨以爲非聖人，如何哉？」老聃曰：「小子少進，子何以謂不同？」對曰：「堯授舜，舜授禹，禹用力而湯用兵，文王順紂而不敢逆，武王逆紂而不肯順，故曰不同。」老聃曰：「小子少進，余語女三皇五帝之治天下。黄帝之治天下，使民心一，民有其親死不哭而民不非也。堯之治天下，使民心親，民有爲其親殺其殺而民不非也。舜之

〔二〕「予」，原作「二」，據四庫本、《二十二子》本改。
〔三〕「皇」，四庫本、《二十二子》本均作「王」。

治天下，使民心競，民孕婦十月生子，子生五月而能言，不至乎孩而始誰，則人始有天矣。禹之治天下，使民心變，人有心而兵有順，殺盜非殺，人自爲種而天下耳，是以天下大駭，儒墨皆起。其作始有倫，而今乎婦女，何言哉？余語女，三皇五帝之治天下，名曰治之，而亂莫甚焉。三皇之知，上悖日月之明，下睽山川之精，中墮四時之施。其知憯於萬蠆之尾，鮮規之獸，莫得安其性命之精〔一〕者，而猶自以爲聖人，不可恥乎？其無恥也。」子貢蹵然立不安。孔子謂老聃曰：「丘治《詩》、《書》、《禮》、《樂》、《易》、《春秋》六經，自以爲久矣，孰知其故矣。以奸者七十二君，論先王之道而明周召之迹，一君無所鉤用。甚矣，夫人之難説也，道之難明邪？」老子曰：「幸矣子之不遇治世之君也。夫《六經》，先王之陳迹也，豈有所以迹哉？今子之所言，猶迹也。夫迹，履之所出，而迹豈履哉。夫白鶂之相視，眸子不運而風化；蟲，雄鳴於上風，雌應於下風而風化；類自爲雌雄，故風化。性不可易，命不可變，時不可止，道不可壅。苟得於道，無自而不可；失焉者，無自而可。」孔子不出三月，復見，曰：「丘得之矣。烏鵲孺，魚傳沬，細要者化，有弟而兄啼。久矣夫丘不與化爲人。不與化爲人，安能化人？」老子曰：「可。丘得

〔一〕「精」，四庫本、《二十二子》本均作「情」。

之矣。」

有爲者，必有迹，故莊子至此而寓言老聃誚孔子治人而以陳迹也。然《六經》載道之書，書者，爲道之粗，由粗可以至於精，精則無所爲而已，此所以終孔子不與化爲人之言也。夫不與化爲人者，付之自化也。付之自化，則無所爲，是以言之於篇終也。故曰：「丘不與化爲人。不與化爲人，安能化之？」老子曰：「可。丘得之矣。」

南華真經新傳卷之九

宋王元澤傳

刻意篇

夫虚静寂寞之道廢，則矯削僻異之行所以〔一〕興，此世俗之忘於無爲而滅天矣。莊子因而作《刻意》篇。

刻意尚行，離世異俗，高論怨誹，爲亢而已矣；此山谷之士，非世之人，枯槁赴淵者之所好也。語仁義忠信，恭儉推讓，爲脩而已矣；此平世之士，教誨之人，遊居學者之所好也。語大功，立大名，禮君臣，正上下，爲治而已矣。此朝廷之士，尊主彊國之人，致功并兼者之所好也。就藪澤，處間曠，釣魚間處，無爲而已矣。此江海之士，避世之人，間暇者之所好也。吹呴呼吸，吐故納新，熊經鳥申，爲壽而已矣。此導引之士，養形之人，彭

〔一〕「所以」，四庫本無。

祖壽考者之所好也。若夫不刻意而高，無仁義而脩，無功名而治，無江海而間，不導引而壽，無不忘也，無不有也，澹然無極而衆美從之。此天地之道，聖人之德也。

夫山谷平世之士，疆國避世養形之人，皆爲有我而已矣。夫有我則有心，有心則未免於所惑，是以各蔽於一曲也。故樂於山藪者，往而不能返；仕於朝廷者，入而不能出；恬於教誨者，屈而不能伸；耽於養形者，存而不能忘。是非真性之然也，是矯削其意而使然也，豈與聖人相同乎？聖人則無我而已矣。夫無我則無心，無心則無所惑，是以忘形而通達於萬事也。故登假於至道而乃入於寥天一，豈爲刻意而高歟？鰲物澤世而非由於外鑠，豈爲行仁義而脩歟？巍巍蕩蕩而在宥於天下，豈爲立功名而治歟？淵静晦默而逍遥於自得之場，豈爲處江湖而間歟？氣柔真全而形未嘗衰，豈爲務導引而壽歟？存而不存也，無而不無也，莫知其終，而至道自集皆無爲之至，妙而惟聖人所以得之矣。故曰：「不刻意而高，無仁義而脩，無功名而治，無江海而間，不導引而壽，無不忘也，無不有也，澹然無極而衆美從。此天地之道，聖人之德也。」

故曰：夫恬淡寂寞虚無無爲，此天地之平而道德之質也。故曰：聖人休休焉則平易矣，平易則恬淡矣。平易恬淡，則憂患不能入，邪氣不能襲，故其德全而神不虧。故曰：聖人之生也天行，其死也物化；靜而與陰同德，動而與陽同波；不爲福先，不爲禍始，感而後應，迫而後動，不得已而後起。去知與故，循天之理。故無天災，無物累，無人非，無鬼責。其生若浮，其死若休。不思慮，不豫謀。光矣而不耀，信矣而不期。其寢不夢，其覺無憂，其神純粹，其魂不罷。虚無恬淡，乃合天德。故曰：悲樂者，德之邪；喜怒者，道之過；好惡者，德之失。

平易者，所謂無滯礙也；恬惔者，所謂無思慮也；憂患不能入者，所謂哀樂不能入也；邪氣不能襲者，所謂喜怒不能感也。如此則自得而神王矣，故曰「其德全而神不虧」。神不虧則以生死爲往來之暫矣，故曰「聖人之生也天行，其死也物化」。夫死生至大，而以之爲往來，則禍福之微，豈能累我乎？故曰「不爲福先，不爲禍始」。感而後應者，所謂德充而符合也；迫而後動者，所謂事至而應也；不得已而後起者，所謂不預謀也。不以智行己，不以故滅命，守於自然之真理也，故曰「去知與故，循天之理」。無天災者，與天合德而天不災也；無物累者，與物齊諧而物莫役也；無人非者，出於非人之域而明不散也；無鬼責者，與鬼神同其吉凶而無不佑也。此數者，非聖人孰能與此矣。

故心不憂樂，德之至也；一而不變，靜之至也；無所於忤，虚之至也；不與物交，淡之至也；無所於逆，粹之至也。故曰：形勞而不休則弊，精用而不已則勞，勞則竭。水之性，不雜則清，莫動則平；鬱閉而不流，亦不能清，天德之象也。故曰：純粹而不雜，靜一而不變，淡而無爲，動而以天行，此養神之道也。夫有干越之劍者，柙而藏之，不敢用也，寶之至也。精神四達並流，無所不極，上際於天，下蟠於地，化育萬物，不可爲象，其名爲同帝。純素之道，唯神是守；守而勿失，與神爲一；一之精通，合于天倫〔一〕。

聖人之心，喜懼不入而自得，故曰「心不憂樂，德之至也」。守一有常，而物莫足撓，故曰「一而不變，靜之至也」。正錯無累，而曠兮善應，故曰「無所於忤，虛之至也」。外能役物，而洞然清徹，故曰「不與物交，淡之至也」。同乎大順，而極於精粹，故曰「無所於逆，粹之至也」。聖人之心若是也。夫聖人之心，精神之宅也。惟聖人能養其神而不輕用，如韞〔二〕藏利器而不敢妄用也。故曰：「夫有干越之劍者，柙而藏之，不敢用也，寶之至也。」故聖人寶養精神之如此，其通達無所不至，而其奧妙與天地同流，造化萬物而視之不可見，成於天而已矣。故曰：「精神並流，無所不極，上際於天，下蟠於地，化育萬物，不可爲象，其名爲同帝。」

〔一〕「倫」下原有「也」字，據四庫本、《二十二子》本刪。
〔二〕「韞」，原作「韜」，據四庫本改。

野語有之曰：「衆人重利，廉士重名，賢士尚志，聖人貴精。」

利者，所以和義者也，衆人重之而已矣，故曰「衆人重利」。名者，所以爲實之賓也，廉士重之而已矣，故曰「廉士重名」。志者，心之所之於遂大也，賢士尚之而已矣，故曰「賢士尚志」。精者，純粹不雜之道也，聖人貴之而已矣，故曰「聖人貴精」。故利不及於名，名不及於志，志不及於精，此所以言之有序也。

故素也者，謂其無所與雜也；純也者，謂其不虧其神也。能體純素，謂之真人。

純者，不雜也；素者，質朴也。素則至于純，純則至于粹，粹則至于精，精則至于神而已矣，故曰「純素之道，惟神是守」。能守而自得，與聖無二矣，故曰「守而勿失，與神爲一」。一者，道之妙本而歸於自然無爲矣，故曰「一之精通合于天倫」。此言入神之序也。

繕性篇

夫矯削僻異之行，非出於人之天真，而生於世俗之僞心。僞心用則正性所以失，正性失而不悟其自失，復欲以僞而完治矣。此莊子因而作《繕性》篇。

繕性於俗，俗學以求復其初；滑欲於俗，思以求致其明；謂之蔽蒙之民。

夫天之付人之性也，本於靜而已矣。靜則明，明則無所不通。世俗受天之性也，以靜而必動，而靜不謂之善；明而不顯，則明不足耀衆，是以外逐異學而求善其靜，內務思慮而增益其明。異學雖得而其靜反動，思慮愈精而其明愈晦，以其反動而治性以復其靜，以其愈晦而役思以復其明，此非該偏〔二〕之士矣，故曰「謂之蒙蔽之民」。

古之治道者，以恬養知；生而無以知爲也，謂之以知養恬。知與恬交相養，而和理出其性〔三〕。

恬者，靜也；智者，動也。靜出於恬，則所謂善於靜；動出智，則所謂善於動。動必復於靜，靜必至于動。以恬而靜則萬物莫足鐃，以智而動則萬物莫足止，此聖人善於動靜而不逆其理，如出於性而已。故曰：「知與恬交相養，而和理出其性。」

夫德，和也；道，理也。德無不容，仁也；道無不理，義也；義明而物親，忠也；中純實而反乎情，樂也；信行容體而順乎文，禮也。禮樂偏行，則天下亂矣。彼正而蒙己德，德

〔二〕「偏」，原作「偏」，據四庫本改。
〔三〕「性」下原有「也」字，據四庫本、《二十二子》本删。

則不冒，冒則物必失其性也。

德者，得也，自得則和不欲出也，故曰「德，和也」。道者，道也，可道則必有其理，故曰「道，理也」。自得而能容則兼愛矣，故曰「德無不容，仁也」。可道而順理則必當矣，故曰「道無不理，義也」。義當則得中而物附矣，故曰「義明而物親，忠也」。中純實而反乎情樂也，所謂樂由中出也。信行容體而順乎文禮者〔一〕，所謂禮自外作也。禮樂者，道德之緒餘，聖人不專用而治天下也。故曰：「禮樂偏行，而天下亂矣。」此莊子不貴禮樂之言也。

古之人，在混芒之中，與一世而得澹漠焉。當是時也，陰陽和靜，鬼神不擾，四時得節，萬物不傷，羣生不夭，人雖有知，無所用之，此之謂至一。當是時也，莫之爲而常自然。逮德下衰，及燧人、伏戲始爲天下，是故順而不一。德又下衰，及神農、黄帝始爲天下，是故安而不順。德又下衰，及唐、虞始爲天下，興治化之流，澆淳散朴，離道以善，險德以行，然後去性而從於心。心與心識，知而不足以定天下，然後附之以文，益之以博。文滅質，博溺心，然後民始惑亂，無以反其性情而復其初。由是觀之，世喪道矣，道喪世矣。世與

〔一〕「者」，四庫本作「也」。

道交相喪也，道之人何由興乎世，世亦何由興乎道哉。道無以興乎世，世無以興乎道，雖聖人不在山林之中，其德隱矣。

夫燧人、伏羲可謂朴素之時也，莊子以爲不及混茫之初，而謂其逮德下衰也。神農、黄帝可謂至平之世也，莊子以爲不及於羲、燧之時，而亦謂德又下衰也。唐、虞之際可謂至治之朝也，莊子以爲不及神、黄之世，而亦謂德又下衰也。故燧人、羲農、黄帝、唐、虞，莊子皆不取之，而所取者，古之混茫之初也。夫混茫之中，人守其真性，事任其自然，豈知有仁義禮樂之端，高世出衆之行，而刻意繕性而效之歟？此莊子之所取而言之，以疾世俗也，與前篇論至德之世泰初無有之意同。

隱，故不自隱。古之所謂隱士者，非伏其身而弗見也，非閉其言而不出也，非藏其知而不發也，時命大謬也。當時命而大行乎天下，則反一無迹；不當時命而大窮乎天下，則深根寧極而待；此存身之道也。

夫士隱於山林也，非欲自匿其身也，非欲自閉其言也，非欲自藏其智也，出於不得已而已，故曰「時命大謬也」。是以當盛行而不加益，所以抱一而恬寂也，故曰：「當時命大行乎天下，則反一無迹。」當窮居而不加損，所以深根而固蔕也，故曰：「不當時命而大窮乎天下，則深根寧極而待。」如此則能全於形也，故曰「此存身之道也」。

古之存身者，不以辯飾知，不以知窮天下，不以知窮德，危然處其所而反其性已，又何爲哉？道固不小行，德固不小識。小識傷德，小行傷道。故曰：正己而已矣。樂全之謂得志。古之所謂得志者，非軒冕之謂也，謂其無以益其樂而已矣。今之所謂得志者，軒冕之謂也。軒冕在身，非性命也，物之儻來，寄也。寄之，其來不可圉，其去不可止。故不爲軒冕肆志，不爲窮約趨俗，其樂彼與此同，故無憂而已矣。今寄去則不樂，由是觀之，雖樂，未嘗不荒也。故曰：喪己於物，失性於俗者，謂之倒置之民。

樂全者，所謂樂天知命而性不虧也。夫樂天者，所以知天知命者，所以至命知天則任其自然，至命則物不能役，如此則正性所以全也。正性全則自得，自得則志無不得矣，故曰「樂全之謂得志」。得志者，死生、憂患、富貴、窮達皆不累於心，而況軒冕之微乎？故曰「非軒冕之謂也」。

秋水篇

夫天下之世俗，治性不以聖人之正道，而徒逐諸子之俗學。俗學雖汗漫汎濫亦可觀，安知無於根源矣。此莊子因而作《秋水》篇。

秋水時至，百川灌河，涇流之大，兩涘渚崖之間不辯牛馬。於是焉河伯欣然自喜，以天下之美爲盡在己。順流而東行，至於北海，東面而視，不見水端，於是焉河伯始旋其面目，望洋向若而歎曰：「野語有之曰：『聞道百，以爲莫己若者』，我之謂也。且夫我嘗聞少仲尼之聞而輕伯夷之義者，始吾弗信；今我覩子之難窮也，吾非至於子之門則殆矣，吾長見笑於大方之家。」北海若曰：「井鼃不可以語於海者，拘於虚也；夏蟲不可以語於冰者，篤於時也；曲士不可以語於道者，束於教也。今爾出於崖涘，觀於大海，乃知爾醜，爾將可與語大理矣。天下之水，莫大於海，萬川歸之，不知何時止而不盈；尾閭泄之，不知何時已而不虚；春秋不變，水旱不知。此其過江河之流，不可爲量數。而吾未嘗以此自多者，自以比形於天地而受氣於陰陽，吾在天地之間，猶小石小木之在大山也，

方存乎見少，又奚以自多？

夫聖人之道，渾合而一，致其深不可測，而其廣不可窮。用之所以不竭，而積之所以不盈。其餘潤可以濟天下，其末流可用爲國家，無有不容，無有不至，此聖人之道也。及夫道散而不能興世，世衰而不能興道，諸子汎起而浩然流蕩，此莊子所以有河伯欣然之言也。夫河伯欣然者，所以況諸子喜其道之得行也。諸子雖喜其道之盛行，安知有聖人之道在焉？此莊子所以有河伯東行而至於北海之言也。然而聖人之道，天下莫不宗也，萬物莫不由也，沖而未嘗盈，用而未嘗知。自古以固存，而治亂不變，其所以過於諸子之道甚遠矣。而聖人未嘗自衒其廣深幽妙而獨居其多，此所以終始無窮也。故曰：「天下之水，莫大於海，萬川歸之，不知何時止而不盈；尾閭泄之，不知何時已而不虛；春秋不變，水旱不知。此其過江河之流，不可爲量數。而吾未嘗〔一〕以此自多者，自以此〔二〕形於天地而受氣於陰陽，吾在天地間，猶〔三〕小石小木之在大山也，方存乎見少，又奚以自多？」

〔一〕「嘗」，原作「曰」，據四庫本及前引《莊子》原文改。
〔二〕「比」，原作「此」，據四庫本及前引《莊子》原文改。
〔三〕「猶」，原作「由」，據四庫本及前引《莊子》原文改。

計四海之在天地之間也，不似礨空之在大澤乎？計中國之在海內，不似稊米之在太倉乎？號物之數謂之萬，人處一焉；人卒九州，穀食之所生，舟車之所通，人處一焉；此其比萬物也，不似豪[一]末之在於馬體乎？五帝之所連，三王之所爭，仁人之所憂，任士之所勞，盡此矣。伯夷辭之以爲名，仲尼語之以爲博，此其自多也，不似爾向之自多於水乎？」河伯曰：「然則吾大天地而小豪末，可乎？」北海若曰：「否。夫物，量無窮，時無止，分無常，終始無故。是故大知觀於遠近，故小而不寡，大而不多，知量無窮，證曏今故，故遥而不悶，掇而不跂，知時無止；察乎盈虛，故得而不喜，失而不憂，知分之無常也；明乎坦塗，故生而不悦，死而不禍，知終始之不可故也。計人之所知，不若其所不知；其生之時，不若未生之時；以其至小求窮其至大之域，是故迷亂而不能自得也。由此觀之，又何以知豪末之足以定至細之倪？又何以知天地之足以窮至大之域？」河伯曰：「世之議者皆曰：『至精無形，至大不可圍。』是信情乎？」北海若曰：「夫自細視大者不盡，自大視細者不明。」

夫用明而察秋毫，則蔽於秋毫而見於丘山不盡也；注目而觀丘山，則蔽於丘山而見

〔一〕四庫本「豪」作「毫」，下文同。

於秋毫不明也。故曰：「自細視大者不盡，自大視細者不明。」此皆見其所見而所見有不及，視其所視而所視有所遺也，豈若藏其明乎？若是，則萬物了然見之矣。

夫精，小之微也；垺，大之殷也；故異便，此勢之有也。夫精粗者，期於有形者也；無形者，數之所不能分也；不可圍者，數之所不能窮也。可以言論者，物之粗也；可以意致者，物之精也；言之所不能論，意之所不能察致者，不期精粗焉。

精者，粗之細；粗者，精之迹；由未離於形質也。故曰：「夫精粗者，期於有形者也。」惟其無形，則巧曆不能計；惟其不可圍，則至明不能度。寂然深妙而心得之者，則精粗兩忘矣，此北海若語道之極致也。故曰：「無形者，數之所不能分；不可圍者，數之所不能窮也。」又曰：「言之所不能論，意之所不能察致者，不期精粗焉。」

是故大人之行，不出乎害人，不多仁恩；動不爲利，不賤門隸；貨財弗争，不多辭讓；事焉不借人，不多食乎力，不賤貪污；行殊乎俗，不多辟異；爲在從衆，不賤佞諂；世之爵禄不足以爲勸，戮耻不足以爲辱；知是非之不可爲分，細大之不可爲倪。聞曰：『道人不聞，至德不得，大人無己。』約分之至也。」河伯曰：「若物之外，若物之内，惡至而倪貴賤？惡至而倪小大？」北海若曰：「以道觀之，物無貴賤；以物觀之，自貴而相賤；

以俗觀之，貴賤不在己。以差觀之，因其所大而大之，則萬物莫不大；因其所小而小之，則萬物莫不小；知天地之爲稊米也，知毫末之爲丘山也，則差數覩矣。

天下之俗，惑諸子之道而有我者也。有我，則有彼我、小大之辯，而不能齊諧也。莊子至此而託北海若之言，而寓其齊諧之意也。夫天下之物，同出於道而其不同者，形質小大之殊也。故天地大於丘山，丘山大於毫末也。以道達觀，則均爲物耳，安知丘山不大於天地，而毫末不大於丘山？又何較其形質之小大，而分彼我、小大之辯乎？故曰：「知天地之爲稊米也，知毫末之爲丘山也。」

以功觀之，因其所有而有之，則萬物莫不有；因其所無而無之，則萬物莫不無；知東西之相及而不可以相無，則功分定矣。以趣觀之，因其所然而然之，則萬物莫不然；因其所非而非之，則萬物莫不非；知堯、桀之自然而相非，則趣操覩矣。昔者堯、舜讓而帝，之、噲讓而絕；湯、武爭而王，白公爭而滅。由此觀之，爭讓之禮，堯桀之行，貴賤有時，未可以爲常也。梁麗可以衝城，而不可以窒穴，言殊器也；騏驥、驊騮，一日而馳千里，捕鼠不如狸狌，言殊技也；鴟鵂夜撮蚤，察豪末，晝出瞋目而不見丘山，言殊性也。故曰：蓋師是而無非，師治而無亂乎？是未明天地之理，萬物之情者也〔一〕。是猶〔二〕師天而無地，師陰而無陽，其不可行明矣。然且〔三〕語而不舍，非愚則誣也。帝王殊禪，三代殊繼。差其時，逆其俗者，謂之篡夫；當其時，順其俗者，謂之義之徒。默默乎河伯，汝惡知貴賤之門，小大之家？」河伯曰：「然則我何爲乎，何不爲乎？吾辭受趣舍，吾終奈何？」北海若曰：「以道觀之，何貴何賤，是謂反衍；無拘而志，與道大蹇。何少何多，是謂謝施；無一而行，與道參差。嚴乎若國之有君，其無私德；繇繇乎若祭之有社，其無私福；汎汎乎其若四方之無窮，其無所畛域。兼懷萬物，其孰承翼？是謂無方。萬物一齊，孰短孰長？道無終始，物有死生，不恃其成；一虚一滿，不位乎其形。年不可舉，時不可止；消息盈虚，終則有始。是所以語大義之方，論萬物之理也。物之生也，若驟若馳，無動而不變，無時而不移。何爲乎？何不爲乎？夫固將自化。」河伯曰：「然則何貴於道邪？」北海若曰：「知道者必達於理，達於理者必明於權，明於權者，不以物害己。

夫無所不通者，知道也。知道而不能外是者，達理也。不能外是而又能應變者，明

〔一〕「也」，原脱，據四庫本、《二十二字》本補。
〔二〕「猶」，原作「故」，據四庫本、《二十二子》本改。
〔三〕「且」，原作「則」，據四庫本、《二十二子》本改。

於權也。能應變而豈以物而爲累乎？故形之所以常全也。故曰：「知道者必達於理，達於理者必明於權，明於權者不以物害己。」故道所以爲理權之體，而權所以爲理道之用。不相須，不能相濟也。

至德者，火弗能熱，水弗能溺，寒暑弗能害，禽獸弗能賊。非謂其薄之也，言察乎安危，寧於禍福，謹於去就，莫之能害也。

至德者，所謂至人也。至人與物無迕而物莫能傷，水火寒暑禽獸豈能加害歟？故曰：「至德者，火弗能熱，水弗能溺，寒暑弗能害，禽獸弗能賊。」然而至人者非必能使水火、寒暑、禽獸之不害己也，蓋任之自然而不輕犯也，故曰「非謂其薄之也」。來則不避，而去則不冒也，故曰「察乎安危」。待之以誠，而安於生死也，故曰「寧於禍福」。與之俱出俱入，而不逆理也，故曰「謹於去就」。

故曰：天在內，人在外，德在乎天。知天人之行，本乎天，位乎得；蹢躅而屈伸，反要而語極。」曰：「何謂天？何謂人？」北海若曰：「牛馬四足，是謂天；落馬首，穿牛鼻，是謂人。故曰：無以人滅天，無以故滅命，無以得殉名，謹守而勿失，是謂反其真。」夔憐蚿，蚿憐蛇，蛇憐風，風憐目，目憐心。夔謂蚿曰：「吾以一足跉踔而行，予無如矣。今子

之使萬〔一〕足，獨奈何？」蚿曰：「不然。子不見夫唾者乎？噴則大者如珠，小者如霧，雜而下者不可勝數也。今子動吾天機，而不知其所以然。」蚿謂蛇曰：「吾以衆足行，而不及子之無足，何也？」蛇曰：「夫天機之所動，何可易邪？吾安用足〔二〕哉？」蛇謂風曰：「予動吾脊脅而行，則有似也。今子蓬蓬然起於北海，蓬蓬然入於南海，而似無有，何〔三〕也？」風曰：「然。予蓬蓬然起於北海而入於南海也，然而指我則勝我，鰌〔四〕我亦勝我。雖然，夫折大木，蜚大屋者，唯我能也，故以衆小不勝爲大勝也。爲大勝者，唯聖人能之。」孔子遊於匡，宋人圍之數匝，而弦歌不惙。子路入見，曰：「何夫子之娛也？」孔子曰：「來，吾語汝。我諱窮久矣，而不免，命也；求通久矣，而不得，時也。當堯、舜而天下無窮人，非知得也；當桀、紂而天下無通人，非知失也；時勢適然。夫水行不避蛟龍者，漁父之勇也；陸行不避兕虎者，獵夫之勇也；白刃交於前，視死若生者，烈士之勇也；知窮之有命，知通之有時，臨大難而不懼者，聖人之勇也。由處矣，吾命有所制

〔一〕「萬」，四庫本作「衆」。
〔二〕「用足」，原作「足用」，據四庫本、《二十二子》本改。
〔三〕「有何」，原作「何有」，據四庫本、《二十二子》本改。
〔四〕「鰌」，四庫本作「蹭」。

矣。」無幾何，將甲者進，辭曰：「以爲陽虎也，故圍之。今非也，請辭而退。」公孫龍問於魏牟曰：「龍少學先生之道，長而明仁義之行；合同異，離堅白；然不然，可不可；困百家之知，窮衆口之辯：吾自以爲至達已。今吾聞莊子之言，汒然異之。不知論之不及與？知之弗若與？今吾無所開吾喙，敢問其方。」公子牟隱機太息，仰天而笑曰：「子獨不聞夫埳井之鼃乎？謂東海之鼈曰：『吾樂與。吾跳梁乎井幹之上，入休乎缺甃之崖；赴水則接掖〔二〕持頤，蹶泥則没足滅跗；還虷、蟹與科斗，莫吾能若也。且夫擅一壑之水，而跨跱埳井之樂，此亦至矣，夫子奚不時來入觀乎？』東海之鼈左足未入，而右膝已縶矣，於是逡巡而却，告之海曰：『夫千里之遠，不足以舉其大；千仞之高，不足以極其深。禹之時十年九潦，而水弗爲加益；湯之時八年七旱，而崖不爲加損。夫不爲頃久推移，不以多少進退者，此亦東海之大樂也。』於是埳井之鼃聞之，適適然驚，規規然自失也。且夫知不知是非之竟，而猶欲觀於莊子之言，是猶使蚉負山，商蚷馳河也，必不勝任矣。且夫知不知論極妙之言，而自適一時之利者，是非埳井之鼃與？且彼方跐黄泉而登大皇，無南無北，奭然四解，淪於不測；無東無西，始於玄冥，反於大通。子乃規規然而求

〔二〕「掖」，四庫本作「腋」。

之以察，索之以辯，是直用管規〔一〕天，用錐指地也，不亦小乎？子往矣。且子獨不聞夫壽陵餘子之學行於邯鄲與？未得國能，又失其故行矣，直匍匐而歸耳。今子不去，將忘子之故，失子之業。」公孫龍口呿而不合，舌舉而不下，乃逸而走。莊子釣於濮水，楚王使大夫二人往先焉〔二〕，曰：「願以竟〔三〕內累矣。」莊子持竿不顧，曰：「吾聞楚有神龜，死已三千歲矣，王巾笥而藏之廟堂之上。此龜者寧其死爲留骨而貴乎？寧其生而曳尾於塗中乎？」二大夫曰：「寧生而曳尾於塗中。」莊子曰：「往矣，吾將曳尾於塗中。」惠子相梁，莊子往見之。或謂惠子曰：「莊子來，欲代子相。」於是惠子恐，搜於國中，三日三夜。莊子往見之，曰：「南方有鳥，其名鵷鶵，子知之乎？夫鵷鶵，發於南海而飛於北海，非梧桐不止，非練實〔四〕不食，非醴泉不飲。於是鴟得腐鼠，鵷鶵〔五〕過之，仰而視之曰：『嚇。』今子欲以子之梁國而嚇我邪？」莊子與惠子遊於濠梁之上。莊子曰：「儵魚出

〔一〕「規」，四庫本作「窺」，《二十二子》本作「闚」。
〔二〕「先焉」，原作「朱馬」，據四庫本、《二十二子》本改。
〔三〕「竟」，四庫本作「境」。
〔四〕「實」，原作「食」，據四庫本、《二十二子》本改。
〔五〕「鶵」，原作「趨」，據四庫本、《二十二子》本改。

遊從容，是魚樂也。」惠子曰：「子非魚，安知魚之樂？」莊子曰：「子非我，安知我不知魚之樂？」惠子曰：「我非子，固不知子矣；子固非魚也，子之不知魚之樂，全矣。」莊子曰：「請循其本。子曰『汝安知魚樂』云者，既已知吾知之而問我，我知之濠上也。」

莊子作此篇，疾世俗，目〔一〕異於物，而中寓其齊諧之意。及其篇終，而復言其知魚之樂，與《齊物》終於夢爲胡蝶之意同。讀《莊子》者，宜求莊子之意也。

〔一〕「目」，四庫本作「自」。

南華真經新傳卷之十

宋王元澤傳

至樂篇

夫能去異學、守正性、忘己而與物齊諧者，則生死、富貴、窮達、壽夭不能介蔕於胸中，怡然逍遥於天地之間矣。莊子因而作《至樂》篇。

天下有至樂無有哉？有可以活身者無有哉？今奚爲奚據？奚避奚處？奚就奚去？奚樂奚惡？夫天下之所尊者，富貴壽善也；所樂者，身安、厚味、美服、好色、音聲也；所下者，貧賤、夭惡也；所苦者，身不得安逸，口不得厚味，形不得美服，目不得好色，耳不得音聲；若不得者，則大憂以懼，其爲形也亦愚哉。夫富者，苦身疾作，多積財而不得盡用，其爲形也亦外矣。夫貴者，夜以繼日，思慮善否，其爲形也亦疏矣。人之生也，與憂俱生，壽者惛惛，久憂不死，何之苦也。其爲形也亦遠矣。烈士爲天下見善矣，未足以活身。吾未知善之誠善邪？誠不善邪？若以爲善矣，不足活身；以爲不善矣，足以活人。

故曰：「忠諫不聽，蹲循勿争。」故夫子胥争之以殘其形，不争名亦不成。誠有善無有哉？今俗之所爲與其所樂，吾又未知樂之果樂邪，果不樂邪？吾觀夫俗之所樂，舉羣趣者，誙誙然如將不得已，而皆曰樂者，吾未之樂也，亦未知不樂也。果有樂無有哉？吾以無爲誠樂矣，又俗之所大苦也。

夫萬物不足以憂者，至樂也。至樂者，非由自外而入也，非由感音而生也，出於忘己無爲而天下不能知之也。故曰：「天下有至樂無有哉？」惟能忘己無爲，則至樂自有。有至樂則可以全身，身全而豈爲無樂歟？故曰：「有可以活身者無有哉？」然而天下之世俗不知至樂之所出，徒以富貴壽善衣食聲色之備爲其樂。故得之則勞形喪生，耽之而不誤〔一〕，失之則刻意傷生，求之而不止，是爲大惑而已矣，安知至樂之其樂也？内爲樂之，其樂也外乎？此莊子所以有爲形，亦愚、亦外、亦疏、亦遠之言矣。

故曰：「至樂無樂，至譽無譽。」天下是非果未可定也。雖然，無爲可以定是非。至樂活身，唯無爲幾存。請嘗試言之。天無爲以之清，地無爲以之寧，故兩無爲相合，萬物皆

〔一〕「誤」，四庫本作「悟」。

化。芒乎芴乎，而無從出乎？芴乎芒乎，而無有象乎？萬物職職，皆從無爲殖。故曰：「天地無爲也，而無不爲也」，人也孰能得無爲哉？

至樂生於無爲，無爲則非有樂也，故曰「至樂無樂」。至譽出於難名，難名則非爲有譽也，故曰「至譽無譽」。然而無爲者合於天地之道也，天地無爲而任物之生成，安有勞苦之困歟？此其所以爲樂之至也。人能無爲，則亦爲樂之至，人安得於無爲乎？故曰：「天無爲以之清，地無爲以之寧，故兩無爲相合，萬物皆化。」又曰：「人也孰得無爲哉？」此莊子譏於世俗也。

莊子妻死，惠子弔之，莊子則方箕踞鼓盆而歌。惠子曰：「與人居，長子老身，死不哭亦足矣，又鼓盆而歌，不亦甚乎？」莊子曰：「不然。是其始死也，我獨何能無槩然。察其始而本無生，非徒無生也而本無形，非徒無形也而本無氣。雜乎芒芴之間，變而有氣，氣變而有形，形變而有生，今又變而之死，是相與爲春秋冬夏四時行也。人且偃然寢於巨室，而我噭噭然隨而哭之，自以爲不通乎命，故止也。」

夫至人以生死爲往來，故生不喜其成，而死不哀其毁。莊子妻死而箕踞鼓盆而不哭者，蓋了於生死之常而至樂也。與孟子反、子琴張編曲鼓琴之意同。

支離叔與滑介叔觀於冥伯之丘、崐崘之虚、黄帝之所休。俄而柳生其左肘，其意蹶蹶然惡之。支離叔曰：「子惡之乎？」滑介叔曰：「亡，予何惡？生者，假借也；假之而生生者，塵垢也。死生爲晝夜。且吾與子觀化而化及我，我又何惡焉？」

支離叔者，言其形不正也；滑介叔者，言其心無智也。此莊子製二子之名而寓其意。夫形不正者，能忘於形；心無智者，能忘於智，忘形忘智，則其於死生了然矣。是以二子同遊，觀於冥伯之丘、崐崘之虛、黄帝之所休，而以觀變化之妙也。夫觀變化者，達觀其生死之變也。能達生死之變，則外物安足累我乎？雖柳生於滑介叔之左肘，而亦不爲之惡也，故曰「我又何惡」。若二子者，可謂萬物不足以憂之，而内能全於至樂也。

莊子之楚，見空髑髏，髐然有形，撽以馬捶，因而問之，曰：「夫子貪生失理，而爲此乎？將子有亡國之事，斧鉞之誅，而爲此乎？將子有不善之行，愧遺父母妻子之醜，而爲此乎？將子有凍餒之患，而爲此乎？將子之春秋故及此乎？」於是語卒，援髑髏，枕而卧。夜半，髑髏見夢曰：「子之談者似辯士。諸子所言，皆生人之累也，死則無此矣。子欲聞死之説乎？」莊子曰：「然。」髑髏曰：「死，無君於上，無臣於下，亦無四時之事，從然以天地爲春秋，雖南面王樂，不能過也。」莊子不信，曰：「吾使司命復生子形，爲子骨肉肌膚，反子父母妻子閭里知識，子欲之乎？」髑髏深矉蹙頞曰：「吾安能棄南面王樂而復爲人間之勞乎？」

夫生者，一氣之暫聚；死者，一氣之暫散。生未必無爲，而死未必有爲。未必無爲者，至樂所以缺；未必有爲者，至樂所以全。此莊子所以有髑髏不棄南面之樂之言也。夫六骸者，寓之於身也，生則隨氣而暫聚，死則隨氣而暫散。聚散皆非我之所有，我又何自有而有我乎？自有而有我，則未能忘形也。不能忘形，則有爲也。有爲而與物相靡刃，則至樂安能内全歟？此髑髏之不欲復爲於人也。

顔淵東之齊，孔子有憂色。子貢下席而問曰：「小子敢問，回東之齊，夫子有憂色，何邪？」孔子曰：「善哉汝問。昔者管子有言，丘甚善之，曰：『褚小者不可以懷大，綆短者不可以汲深。』夫若是者，以爲命有所成而形有所適也，夫不可損益。吾恐回與齊侯言堯、舜、黄帝之道，而重以燧人、神農之言。彼將内求於己而不得，不得則惑，人惑則死。且汝獨不聞邪？昔者海鳥止於魯郊，魯侯御而觴之於廟，奏《九韶》以爲樂，具太牢以爲膳。鳥乃眩視憂悲，不敢食一臠，不敢飲一杯，三日而死。此以己養養鳥也，非以鳥養養鳥也。夫以鳥養養鳥者，宜棲之深林，遊之壇陸，浮之江湖，食之鰌鰷，隨行列而止，委蛇而處。彼唯人言之惡聞，奚以夫譊譊爲乎？《咸池》、《九韶》之樂，張之洞庭之野，鳥聞之而飛，獸聞之而走，魚聞之而下入，人卒聞之，相與還而觀之。魚處水而生，人處水而死，彼必相與異，其好惡故異也。故先聖不一其能，不同其事。名止於實，義設於適，是之謂條達而福持。」

燧人、神農、黄帝、堯、舜之道，非聖人不足與言之。齊侯，中材之君也，安足與言此道乎？此顔回之齊，而孔子所以有憂色也。夫非聖人而與言聖人之道，適使心之致惑也。心惑則求之不止而傷生，傷生則至于死而已，至樂安得而全歟？故曰「惑則死」。安若順其材而語之以中庸之道乎？如此則不惑而生全，生全則樂亦從而全。此孔子所以有以鳥養鳥之喻也。

列子行，食於道從，見百歲髑髏，攓蓬而指之曰：「唯予與汝知而未嘗死，未嘗生也。若果養乎？予果歡乎？」種有幾，得水則爲㡭，得水土之際則爲鼃蠙之衣，生於陵屯則爲陵舄，陵舄得鬱棲則爲烏足，烏足之根爲蠐螬，其葉爲胡蝶。胡蝶胥也化而爲蟲，生於竈下，其狀若脱，其名爲鴝掇，鴝掇千日爲鳥，其名爲乾餘骨。乾餘骨之沫爲斯彌，斯彌爲食醯。頤輅生乎食醯，黄軦生乎九猷，瞀芮生乎腐蠸。羊奚比乎不箰，久竹生青寧；青寧生程，程生馬，馬生人，人又反入於機。萬物皆出於機，皆入於機。

至人者，冥於生死之極，而以生爲不生，以死爲不死。不生所以生，不死所以存，此列子所以見髑髏而有予與汝未嘗死，未嘗生之言也。夫未嘗生者，能生生；未嘗死者，能化化；故繼言萬物生成變化之無終也。然萬物生成變化之無終，其出入皆由於機也。機者，道之妙本，而萬物安有名由乎？故曰〔二〕：「萬物皆出於機，皆入於機。」夫萬物出入皆由於機也，其生成豈不爲樂乎？此莊子言之於終也。

達生篇

夫外形骸、忘彼我，全於無樂之至樂，則其於性命之情盡之矣。此莊子因而作《達生》篇。

達生之情者，不務生之所無以爲；達命之情者，不務知之所無奈何。養形必先之物，物有餘而形不養者有之矣；有生必先無離形，形不離而生亡者有之矣。生之來不能却，其去不能止。悲夫，世之人以爲養形足以存生；而養形果不足以存生，則世奚足爲哉？雖不足爲而不可不爲者，其爲不免矣。夫欲免爲形者，莫如棄世。棄世則無累，無累則正

〔二〕「曰」，原作「由」，據四庫本改。

平，正平則與彼更生，更生則幾矣。

夫生者，時之暫來，受之有涯也；命者，天之所付也，且然無間也。知其暫來，則所謂達生之情也；知其所付，則所謂達命之情也。知其有涯，而不以外物而傷之，所謂不務生之所無以爲也；知其無間，而不用智巧而蹈晦〔一〕，所謂不務知之所無奈何。何〔二〕也？然而生必有形，形必得養。裁其非類而養之，所謂養形必先之物也。養形役物而無厭，則物翕贍而形必喪，故曰「物有餘而形不養者有矣」。夫形者，生之所寓也，非我所有也。我謂〔三〕有而不能自忘之，所謂有生必先無離形也。形既不忘而自有，則形愈虧而生必喪，故曰「形不離而生亡者有之矣」。惟能忘生，而又能忘形，則適來之。謂時而適，去必能順也，故曰：「生之來不能却，其去不可止。」夫莊子之書其篇，有名《養生》者，有名《達生》者。養之者自内，而達之者及外。以其自内而故，以《養生》爲内篇；以其及外而故，以《達生》爲外篇。此周爲書之意也。

〔一〕「晦」，原作「悔」，據四庫本改。
〔二〕「何」，四庫本無。
〔三〕「謂」，四庫本無。

事奚足棄而生奚足遺？棄事則形不勞，遺生則精不虧。夫形全精復，與天爲一。天地者，萬物之父母也，合則成體，散則成始。形精不虧，是謂能移；精而又精，反以相天。

事無窮，生有涯，以有涯而應無窮，則力不贍而命殆矣。惟能棄事而任自然，忘生〔一〕而處無爲，則逍遥自得而神王矣。故曰：「棄事則形不勞，遺生則精不虧。」形不勞者，形所以全也；精不虧者，精所以復也。全則反於真，復則歸於静。如此則與天無異也，故曰：「形全精復，與天爲一。」與天爲一，則物最之也，故曰「天地者，萬物之父母也」。爲物之父母，而能生成於物，故曰「合則成體，散則成始」。始者言其生，而體者言其成。生成萬物而不勞形損精，而與化之密移，是謂至精之精，而歸於自然而然矣。故曰：「形精不虧，是謂能移；精而又精，反以相天。」

子列子問關尹曰：「至人潛行不窒，蹈火不熱，行乎萬物之上而不慄。請問何以至於此？」關尹曰：「是純氣之守也，非知巧果敢之列。居，予語女。凡有貌象聲色者，皆物也，物與物何以相遠？夫奚足以至乎先？是色而已。則物之造乎不形而止乎無所化，夫得是而窮之者，物焉得而止焉。彼將處乎不淫之度，而藏乎無端之紀，遊乎萬物之所

〔一〕「生」，四庫本作「身」。

終始。

夫至人者，虛心應物而無不通也，故曰「潛行不窒」。待物以誠，而物莫傷也，故曰「蹈火不熱」。反以相天，而心無累也，故曰「行乎萬物之上而不慄」。然而至人如此者，由精神之不虧也，非智勇之用也。故曰：「是純氣之所守也，非智巧果敢之列[一]。」

壹其性，養其氣，合其德，以通乎物之所造。夫若是者，其天守全，其神無却，物奚自入焉。

壹其性者，不跂其本也；養其氣者，不出其和也；合其德者，守於自德也。不跂其本，則正正所以存；不出其和，則真純所以全；守於自得，則過失所以忘。如此則真君虛靜，而明於萬物之始，故曰「以通乎物之所造」。至人若是，而其道所以曲全，而其妙所以不測，萬物焉能撓役乎？故曰：「夫若是者，其神無却，物奚自入焉。」

夫醉者之墜車，雖疾不死。骨節與人同而犯害與人異，其神全也，乘亦不知也，墜亦不知

[一]「列」，原脫，據四庫本及前引《莊子》原文補。

也，死生驚懼不入乎其胸中，是故遻物而不慴。彼得全於酒而猶若是，而況得全於天乎？聖人藏於天，故莫之能傷也。復讎者不折鏌干，雖有忮心者不怨飄瓦，是以天下平均。故無攻戰之亂，無殺戮之刑者，由此道也。不開人之天，而開天之天，開天者德生，開人者賊生。不厭其天，不忽於人，民幾乎以其真。」仲尼適楚，出於林中，見痀僂者承蜩猶掇之也。仲尼曰：「子巧乎，有道邪？」曰：「我有道也。五六月累丸二而不墜，則失〔一〕錙銖；累三而不墜，則失者十一；累五而不墜，猶掇之也。吾處身也，若厥〔二〕株拘；吾執臂也，若槁木之枝；雖天地之大，萬物之多，而唯蜩翼之知。吾不反不側，不以萬物易蜩之翼，何爲而不得。」孔子顧謂弟子曰：「用志不分，乃凝於神，其痀僂丈人之謂乎。」顔淵問仲尼曰：「吾嘗濟乎觴深之淵，津人操舟若神。吾問焉，曰：『操舟可學邪？』曰：『可。善游者數能。若乃夫没人，則未嘗見舟而便操之也。』吾問焉而不吾告，敢問何謂也？」仲尼曰：「善游者數能，忘水也。若乃夫没人之未嘗見舟而便操之也，彼視淵若陵，視舟之覆猶其車却也。覆却萬方陳乎前而不得入其舍，惡往而不暇。以瓦注者巧，以鉤注者憚，以黄金注者殙。其巧一也，而有所矜，則重外也。凡外重者内

〔一〕四庫本、《二十二子》本「失」下均有「者」字。
〔二〕「厥」，四庫本作「橛」。

拙。」

夫承蜩、操舟，技之至末也，由能用志而精之。精之則乃幾於神也，而況全生之道乎？夫生者，事之至大也，人能用志而全之。全之乃入於神也，世俗不能用志而全之。此莊子所以寓言仲尼之歎承蜩，顏淵之美操舟也。

田開之見周威公。威公曰：「吾聞祝腎學生，吾子與祝腎遊，亦何聞焉？」田開之曰：「開之操拔篲以侍門庭，亦何聞於夫子？」威公曰：「田子無讓，寡人願聞之。」開之曰：「聞之夫子曰：『善養生者，若牧羊然，視其後者而鞭之。』」威公曰：「何謂也？」田開之曰：「魯有單豹者，巖居而水飲，不與民共利，行年七十而猶有嬰兒之色；不幸遇餓虎，餓虎殺而食之。有張毅者，高門縣薄，無不走也，行年四十而有內熱之病以死。豹養其內而虎食其外，毅養其外而病攻其內，此二子者，皆不鞭其後者也。」

夫生必有形，形必有體，體所以分於內外也。全生者均養其內外，則內外兩全，而生所以存〔一〕也。若專養其內而忘其外，則外與物迕而不免於累，此單豹所以亡軀於虎。若專養於外而忘其內，則內必焚和而不免於累，此張毅所以沒身於病也。二子

〔一〕「存」，四庫本作「全」。

者皆不中於道而罹其害，此田開之所以有牧羊之喻也。

仲尼曰：「無入而藏，無出而陽，柴立其中央。三者若得，其名必極。」夫畏途者，十殺一人，則父子兄弟相戒也，必盛卒徒而後敢出焉，不亦知乎。人之所取畏者，衽席之上，飲食之間；而不知爲之戒者，過也。」祝宗人玄端以臨牢筴，説彘曰：「汝奚惡死？吾將三月豢汝，十日戒，三日齋，藉汝[二]白茅，加汝肩尻乎彫俎之上，則汝爲之乎？」爲彘謀曰，不如食以糠糟而錯之牢筴之中。自爲謀，則苟生有軒冕之尊，死得於腞楯之上，聚僂之中則爲之。爲彘謀則去之，自爲謀則取之，所異彘者何也？桓公田於澤，管仲御，見鬼焉。公撫管仲之手曰：「仲父何見？」對曰：「臣無所見。」公反，誒詒爲病，數日不出。齊士有皇子告敖者曰：「公則自傷，鬼惡能傷公。夫忿滀之氣，散而不反，則爲不足；上而不下，則使人善怒；下而不上，則使人善忘；不上不下，中身當心，則爲病。」桓公曰：「然則有鬼乎？」曰：「有。沈有履，竈有髻。户内之煩壤，雷霆處之；東北方之下者，倍阿鮭蠪躍之；西北方之下者，則泆陽處之。水有罔象，丘有峷[三]，山有夔，野有彷徨，澤有委蛇。」公曰：「請問，委蛇之狀何如？」皇子曰：「委蛇，其大如轂，其長如轅，

〔二〕「汝」，四庫本及諸本均無。
〔三〕「峷」，四庫本、《二十二子》本均作「莘」。

紫衣而朱冠。其爲物也，惡聞雷車之聲，則捧其首而立。見之者殆乎霸。」桓公囅然而笑曰：「此寡人之所見者也。」於是正衣冠與之坐，不終日而不知病之去也。紀渻子爲王養鬭雞。十日而問：「雞已乎？」曰：「未也，方虛憍而恃氣。」十日又問，曰：「未也，猶應嚮景。」十日又問，曰：「未也，猶疾視而盛氣。」十日又問，曰：「幾矣。雞雖有鳴者，已無變矣，望之似木雞矣，其德全矣，異雞無敢應者，反走矣。」

紀渻子之養雞，梓慶之爲鐻，皆能全其天真而順其自然也。夫天真全則所以德全而合於天，故雞遂至於無敢應，而鐻成而凝於神也。

孔子觀於吕梁，縣水三十仞，流沫四十里，黿鼉魚鼈之所不能游也。見一丈夫游之，以爲有苦而欲死也，使弟子並流而拯之。數百步而出，被髮行歌而游於塘下。孔子從而問焉，曰：「吾以子爲鬼，察子則人也。請問，蹈水有道乎？」曰：「亡，吾無道。吾始乎故，長乎性，成乎命。與齊俱入，與汩偕出，從水之道而不爲私焉。此吾所以蹈之也。」孔子曰：「何爲始乎故，長乎性，成乎命？」曰：「吾生於陵而安於陵，故也；長於水而安於水，性也；不知吾所以然而然，命也。」梓慶削木爲鐻，鐻成，見者驚猶鬼神。魯侯見而問焉，曰：「子何術以爲焉？」對曰：「臣工人，何術之有？雖然，有一焉。臣將爲鐻，未嘗敢以耗氣也，必齊以靜心。齊三日，而不敢懷慶賞爵禄；齊五日，不敢懷非譽巧拙；齊七日，輒然忘吾有四枝形體也。當是時也，無公朝，其巧專而外骨消；然後入山林，觀天性；形軀至矣，然後成見鐻，然後加手焉；不然則已。則以天合天，器之所以疑神者，其是與？」東野稷以御見莊公，進退中繩，左右旋中規。莊公以爲文弗過也，使之鉤百而反。顏闔遇之，入見曰：「稷之馬將敗。」公密而不應。少焉，果敗而反。公曰：「子何以知之？」曰：「其馬力竭矣，而猶求焉，故曰敗。」工倕旋而蓋規矩，指與物化而不以心稽，故其靈臺一而不桎。忘足，屨之適也；忘要，帶之適也；知忘是非，心之適也；不內變，不外從，事會之適也。始乎適而未嘗不適者，忘適之適也。有孫休者，踵門而詫子扁慶子曰：「休居鄉不見謂不脩，臨難不見謂不勇。然而田原不遇歲，事君不遇世，賓於鄉里，逐於州部，則胡罪乎天哉？休惡遇此命也？」扁子曰：「子獨不聞夫至人之自行邪？忘其肝膽，遺其耳目，芒然彷徨乎塵垢之外，逍遥乎無事之業，是謂『爲而不恃，長而不宰』。今汝飾知以驚愚，脩身以明汙，昭昭乎若揭日月而行也。汝得全而形軀，具而九竅，無中道夭於聾盲跛蹇而比於人數，亦幸矣，又何暇乎天之怨哉？子往矣。」孫子出。扁子入，坐有間，仰天而歎。弟子問曰：「先生何爲歎乎？」扁子曰：「向者休來，吾告之以至人之德，吾恐其驚而遂至於惑也。」弟子曰：「不然。孫子之所言是邪？先生之所言非邪？非固不能惑是。孫子所言非邪？先生所言是邪？彼固惑而來矣，又奚罪焉？」扁子曰：「不然。昔者有鳥止於魯郊，魯君說之，爲具太牢以饗之，奏《九韶》以樂之，鳥乃始憂悲眩視，不敢飲食。此之謂以己養養鳥也。若夫以鳥養養鳥者，宜棲之深林，浮之江湖，食之以委蛇，則平陸而已矣。今休，款啓寡聞之民也，吾告以至人之德，譬之若載鼷以車馬，樂鴳以鐘鼓也。彼又惡能無驚乎哉？」

全生之道，非至人不能知之矣。非至人而與語全生之道，是養鳥以太牢、《九韶》之具也，安能使無驚懼之心歟？此扁子所以慮孫休之惑也。夫莊子之作此篇，以覺世俗未悟全生之理也。而世俗者未可卒告之以全生之道，故終於扁子之所歎，而寓其所作之意也。若莊子者，可謂能盡其意者乎？

山木篇

夫能達生之情而無爲，無爲則歸於虛靜。寂寞而材全，材全則不蘄乎用矣。此莊子因而作《山木》篇。

莊子行於山中，見大木，枝葉盛茂，伐木者止其旁而不取也。問其故，曰：「無所可用。」

莊子曰：「此木以不材得終其天年。」夫〔一〕子出於山，舍於故人之家。故人喜，命豎子殺鴈而烹之。豎子請曰：「其一能鳴，其一不能鳴，請奚殺？」主人曰：「殺不能鳴者。」明日，弟子問於莊子曰：「昨日山中之木，以不材得終其天年；今主人之鴈，以不材死；先生將何處？」莊子笑曰：「周將處夫材與不材之間。材與不材之間，似之而非也，故未免乎累。若夫乘道德而浮遊則不然。無譽無訾，一龍一蛇，與時俱化，而無肯專爲；一上一下，以和爲量，浮遊乎萬物之祖，物物而不物於物，則胡可〔二〕得而累邪？此神農、黄帝之法則也。若夫萬物之情，人倫之傳，則不然。合則離，成則毁；廉則挫，尊則議，有爲則虧，賢則謀，不肖則欺，胡可得而必乎哉？悲夫，弟子志之，其唯道德之鄉乎？」

夫命者，材之體；材者，命之用。材所以殊小大，而用所以分有無。聖人之材，大材也，材大則材全而已矣。材全而以無用爲用，則能全生，此山木以不材而得終其天年也。世俗之材，小材也，材小則材缺而已矣。材缺而亦以無用爲用，則反喪生，此山舍之鴈以不能鳴而見烹也。夫鴈之不能鳴，亦似山木之不材也。似之而未爲其全材，是以不免於患也。故曰：「材與不材之間，似之而非也，故未免乎累。」

〔一〕「夫」，四庫本作「莊」。
〔二〕「可」，原作「不」，據四庫本、《二十二子》本改。

市南宜僚見魯侯，魯侯有憂色。市南子曰：「君有憂色，何也？」魯侯曰：「吾學先王之道，脩先君之業；吾敬鬼尊賢，親而行之，無須臾離居，然不免於患，吾是以憂。」市南子曰：「君之除患之術淺矣。夫豐狐文豹，棲於山林，伏於巖穴，靜也；夜行晝居，戒也；雖飢渴隱約，猶且胥疏於江湖之上而求食焉，定也；然且不免於網羅機辟之患。是何罪之有哉？其皮爲之災也。今魯國獨非君之皮邪？吾願君刳形去皮，灑心去欲，而遊於無人之野。南越有邑焉，名爲建德之國。其民愚而朴，少私而寡欲；知作而不知藏，與而不求其報；不知義之所適，不知禮之所將，猖狂妄行，乃蹈乎大方；其生可樂，其死可葬。吾願君去國捐俗，與道相輔而行。」君曰：「彼其道遠而險，又有江山，我無舟車，奈何？」市南子曰：「君無形倨，無留居，以爲君車。」君曰：「彼其道幽遠而無人，吾誰與爲鄰？吾無糧，我無食，安得而至焉？」市南子曰：「少君之費，寡君之欲，雖無糧而乃足。君其涉於江而浮於海，望之而不見其崖，愈往而不知其所窮。送君者皆自崖而反，君自此遠矣。故有人者累，見有於人者憂。故堯非有人，非見有於〔二〕人也。吾願去君之累，除君之憂，而獨與道遊於大莫之國。方舟而濟於河，有虛船來觸舟，雖有惼心之人不

〔二〕「有於」，原作「於有」，據四庫本、浙江書局改。

怒；有一人在其上，則呼張歙之，一呼而不聞，再呼而不聞，於是三呼邪，則必以惡聲隨之。向也不怒而今也怒，向也虛而今也實。人能虛己以遊世，其孰能害之？」

夫材全則所以知命，知命則所以不憂。魯侯之材不全，而不能知於命，所以有憂色而已。夫憂者，生於物之所累也。魯侯物於國，而其國所以爲之累，此市南子引豐狐文豹皮爲之災而諭之也。人欲使其國不能爲累者，莫若無心於物而任其自然，無意於民而任其自化。汎然遊於自得之場，而處於至虛之域，則其材所以自全，而其用歸於無用，乃入於寥天，而孰能爲之害〔二〕乎？故曰：「君自此遠矣」，又曰「虛己以遊世，其〔三〕孰能害之」，此市南子語魯侯以深根固蔕，無爲清淨之道也。

北宮奢爲衛靈公賦歛以爲鐘，爲壇乎郭門之外，三月而成上下之縣。王子慶忌見而問焉，曰：「子何術之設？」奢曰：「一之間，無敢設也。奢聞之，『既雕既琢，復歸於朴』。侗乎其無識，儻乎其怠疑；萃乎茫乎，其送往而迎來；來者勿禁，往者勿止；從其彊梁，隨其曲傳，因其自窮，故朝夕賦歛而豪毛不挫，而況有大塗者乎？」

夫道一而不可不變也，變而復歸於真也。生物而任其自生也，成物而任其自成也，

〔二〕「之害」，原缺，據四庫本補。

〔三〕「世其」，原缺，據四庫本及前引《莊子》原文補。

不加不損而與物無迕也，無爲無用而莫知其終也。此皆至道之妙，體而得之，足以全生矣。此北宫奢所以寓之於爲鐘爲壇之間也。故曰：「而況有大塗者乎？」

孔子圍於陳蔡之間，七日不火食。太公任往弔之曰：「子幾死乎？」曰：「然。」「子惡死乎？」曰：「然。」任曰：「予嘗言不死之道。東海有鳥焉，其名曰意怠。其爲鳥也，翂翂翐翐，而似無能；引援而飛，迫脅而棲；進不敢爲前，退不敢爲後；食不敢先嘗，必取其緒。是故其行列不斥，而外人卒不得害，是以免於患。直木先伐，甘井先竭。子其意者飾知以驚愚，脩身以明汙，昭昭乎如揭日月而行，故不免也。昔吾聞之大成之人曰：『自伐者無功，功成者墮〔二〕，名成者虧。』孰能去功與名而還與衆人。道流而不明，居得行而不名處；純純常常，乃比於狂；削迹捐勢，不爲功名；是故無責於人，人亦無責焉。至人不聞，子何喜哉？」孔子曰：「善哉。」辭其交遊，去其弟子，逃於大澤；衣裘褐，食杼栗；入獸不亂羣，入鳥不亂行。鳥獸不惡，而況人乎？孔子問子桑虖〔三〕曰：「吾再逐於魯，伐樹於宋，削迹於衛，窮於商周，圍於陳蔡之間。吾犯此數患，親交益疏，

〔二〕「墮」，四庫本作「隳」。
〔三〕「虖」，《二十二子》本作「雽」。

徒友益散，何與？」子桑雽曰：「子獨不聞假人之亡與？林回棄千金之璧，負赤子而趍〔一〕。或曰：『爲其布與？赤子之布寡矣；爲其累與？赤子之累多矣；棄千金之璧，負赤子而趍，何也？』林回曰：『彼以利合，此以天屬也。』夫以利合者，迫窮禍患害相棄也；以天屬者，迫窮禍患害相收也。夫相收之與相棄亦遠矣。且君子之交淡若水，小人之交甘如醴；君子淡以親，小人甘以絶。彼無故以合者，則無故以離。」孔子曰：「敬聞命矣。」徐行翔佯而歸，絶學捐書，弟子無挹於前，其愛益加進。異日，桑雽又曰：「舜之將死，真泠禹曰：『汝戒之哉。形莫若緣，情莫若率。緣則不離，率則不勞；不離不勞，則不求文以待形；不求文以待形，固不待物。』」莊子衣大布而補之，正緳係履而過魏王。魏王曰：「何先生之憊邪？」莊子曰：「貧也，非憊也。士有道德不能行，憊也；衣弊履穿，貧也，非憊也；此所謂非遭時也。王獨不見夫騰猿乎？其得柟梓豫章也，攬蔓其枝而王〔二〕長其間，雖羿、逢蒙不能眄睨也。及其得柘棘枳枸之間也，危行側視，振動悼慄；此筋骨非有加急而不柔也，處勢〔三〕不便，未足以逞其能也。今處昏上亂相之間，而

〔一〕「趍」，四庫本作「趨」。
〔二〕「王」，四庫本作「生」。
〔三〕「勢」，原作「世」，據四庫本、《二十二子》本改。

欲無憊，奚可得邪？此比干之見剖心徵也夫。」孔子窮於陳蔡之間，七日不火食，左據槁木，右擊槁枝，而歌猋氏之風，有其具而無其數，有其聲而無宮角，木聲與人聲，犂然有當於人之心。顏回端拱還目而窺之。仲尼恐其廣己而造大也，愛己而造哀也，曰：「回，無受天損易，無受人益難。無始而非卒也，人與天一也。夫今之歌者其誰乎？」回曰：「敢問無受天損易。」仲尼曰：「飢渴寒暑，窮桎不行，天地之行也，運物之泄也，言與之偕逝之謂也。爲人臣者，不敢去之。執臣之道猶若是，而況乎所以待天乎？」「何謂無受人益難？」仲尼曰：「始用四達，爵禄並至而不窮，物之所利，乃非己也，吾命有〔一〕在外者也。君子不爲盜，賢人不爲竊。吾若取之，何哉？故曰：鳥莫知於鷾鴯，目之所不宜處，不給視，雖落其實，棄之而走。其畏人也，而襲諸人間，社稷存焉爾。」「何謂無始而非卒？」仲尼曰：「化其萬物而不知其禪之者，焉知其所終？焉知其所始？正而待之而已耳。」「何謂人與天一邪？」仲尼曰：「有人，天也；有天，亦天也。人之不能有天，性也，聖人晏然體逝而終矣。」莊周遊乎雕陵之樊，睹一異鵲自南方來者，翼廣七尺，目大運寸，感周之顙而集於栗林。莊周曰：「此何鳥哉，翼殷不逝，目大不覩？」蹇裳躩

〔一〕「有」，《二十二子》本作「其」。

步，執彈而留之。覩一蟬，方得美蔭而忘其身；螳蜋執翳而搏之，見得而忘其形；異鵲從而利之，見利而忘其真。莊周怵然曰：「噫，物固相累，二類相召也。」捐弹而反走，虞人逐而誶之。莊周反入，三月不庭。藺且從而問之：「夫子何爲頃間甚不庭乎？」莊周曰：「吾守形而忘身，觀於濁水而迷於清淵。且吾聞諸夫子曰：『入其俗，從其俗。』今吾遊於雕陵而忘吾身，異鵲感吾顙，遊於栗林而忘真，栗林虞人以吾爲戮，吾所以不庭也。」

形者，天之委質也，命之所累也。惟其能忘形，則足以忘物；忘物，則足以全命；命全，則足以全生。惟其不能忘形，則不能忘物；不能忘物，則不能全命；不能全命，則不能全生。此莊周所以[一]有執彈、鵲、蟬、螳蜋之言也。夫執彈彈鵲，而忘栗林之禁，此役於物而不能忘形也。螳蜋搏蟬，而忘異鵲之所利，此利於得而不能全命也。不能忘形而全命，皆不免於憂患也，安得生所以全歟？此周之所以遽悟而不出門庭也。

陽子之宋，宿於逆旅，逆旅人有妾二人，其一人美，其一人惡，惡者貴而美者賤。陽子問

[一]「以」，原脱，據四庫本補。

其故，逆旅小子對曰：「其美者自美，吾不知其美也；其惡者自惡，吾不知其惡也。」陽子曰：「弟子記之，行賢而去自賢之行，安往而不愛哉。」

夫欲全其性命，終其天年者，莫若外忘其形也。形忘，則所以自得，而所適安有不得歟？此陽子所以取逆旅小子之言也。夫美者自美，吾不知其美；惡者自惡，吾不知其惡者，此皆外忘其形，而美惡從而兩忘也，豈爲不全性命之情歟？此莊子所以言之於篇終也。

南華真經新傳卷之十一

宋王元澤傳

田子方篇

夫真人者，全至樂，達生理，以不材爲材，無用爲用，而不失真。此魏無擇之師如此矣。莊子因而作《田子》篇。

田子方侍坐於魏文侯，數稱谿工。文侯曰：「谿工，子之師邪？」子方曰：「非也，無擇之里人也；稱道數當，故無擇稱之。」文侯曰：「然則子無師邪？」子方曰：「有。」曰：「子之師誰邪？」子方曰：「東郭順子。」文侯曰：「然則夫子何故未嘗稱之？」子方曰：「其爲人也真，人貌而天，虚緣而葆真，清而容物。物無道，正容以悟之，使人之意也消。無擇何足以稱之？」子方出，文侯儻然終日不言，召前立臣而語之曰：「遠矣，全德之君子。始吾以聖知之言、仁義之行爲至矣，吾聞子方之師，吾形解而不欲動。口鉗而不欲言。吾所學者真土梗耳，夫魏真爲我〔一〕累耳。」

夫真人者，内直而不假於物也，具體而任其無爲也，故曰「人貌而天」。虚静而不失其正也，故曰「虚緣而葆真」。湛然足以有容也，故曰「清而容物」。邪僻來干，則示之以未始，出吾宗而俾之自滅也，故曰：「物無道，正容以悟之，使人之意也消。」此皆合於道之無名也。無名，安可强名乎？此田子方所以言無擇何足以稱之也〔二〕，夫子方之師如此也。萬物安足爲累乎？此文侯自嗟其所學之非道，而魏國之爲累也。故曰：「吾所學者真土梗耳，魏真爲我累耳。」

温伯雪子適齊，舍於魯。魯人有請見之者，温伯雪子曰：「不可。吾聞中國之君子，明乎禮義而陋於知人心，吾不欲見也。」至於齊，反舍於魯，是人也又請見。温伯雪子曰〔三〕：「往也蘄見我，今也又蘄見我，是必有以振我也。」出而見客，入而歎。明日見客，又入而歎。其僕曰：「每見之客也，必入而歎，何也？」曰：「吾固告子矣：『中國之民，明乎禮義而陋乎知人心。』昔之見我者，進退一成規、一成矩，從容一若龍、一若虎，其諫

〔一〕「我」，原脱，據四庫本、《二十二子》本補。
〔二〕「也」，原作「世」，據四庫本改。
〔三〕「曰」，原脱，據四庫本補。

我也似子，其道我也似父，是以歎也。」仲尼見之而不言。子路曰：「吾子欲見温伯雪子久矣，見之而不言，何邪？」仲尼曰：「若夫人者，目擊而道存矣，亦不可以容聲矣。」

真人者，敦兮若朴也。曠兮若谷也，淵兮似萬物之宗也，不可以智度，不可以言接。此温伯雪子之如此，而仲尼見而不能言也。夫仲尼見而不能言者，心得也，心得何假於言乎？故曰「亦不可以容聲矣」。

顔淵問於仲尼曰：

夫田無擇之師與夫温伯雪子，其道所以爲得矣，由未及於仲尼，故以顔回稱仲尼之道而繼言之。仲尼之道，至妙矣，其所得，得之於老聃，故以孔子與老聃論道而次之也。故無擇之師不及温伯雪子，温伯雪子不及於孔子，孔子又師於老聃，故第差一等而言之。此莊子託數子之稱師，而論道以至於精也。

「夫子步亦步，夫子趨亦趨，夫子馳亦馳；夫子奔逸絶塵，而回瞠若乎後矣。」夫子曰：「回，何謂也？」曰：「夫子步，亦步也；夫子言，亦言也；夫子趨，亦趨也；夫子辯，亦辯也；夫子馳，亦馳也；夫子言道，回亦言道也；及奔逸絶塵而回瞠若乎後者，

仲尼者，入於道也；顔回者，知於道也。入於道者，已至於真空，此所以奔逸絶塵而不可以及也。知於道者，未達於真空，此所以趨步馳騁而瞠若乎後也。不可以及，則獨爲於聖人；瞠若其後，則可以繼聖人；此仲尼所以爲萬世師，而顏回所以爲於亞聖也。

夫子不言而信，不比而周，無器而民滔乎前，而不知所以然而已矣。」仲尼曰：「惡，可不察與？夫哀莫大於心死，而人死亦次之。日出東方而入於西極，萬物莫不比方，有目有趾者，待是而後成功，是出則存，是入則亡。萬物亦然，有待也而死，有待也而生。

孔子待物以其誠，故不言而信也；接下以其忠，故不比而周也；無爵而物最，故無器而民也；無位而物歸，故滔〔二〕乎前，而不知所以然而已。此夫子之所以聖者歟？

吾一受其成形，而不化以待盡，效物而動，日夜無隙，而不知其所終；薰然其成形，知命不能規乎其前，丘以是日徂。吾終身與汝交一臂而失之，可不哀與？汝殆著乎吾所以著也。彼已盡矣，而汝求之以爲有，是求馬於唐肆也。吾服汝也甚忘，汝服吾也亦甚忘。雖然，汝奚患焉？雖忘乎故吾，吾有不忘者存。」

真宰之造物，我所以受其成形而爲我矣。受其成形，而不可以侈〔三〕易，待其終極而後止，此未足以免於憂累也。故聖人達觀而忘其形，所以無我而已矣。

〔二〕「滔」，四庫本作「蹈」。

〔三〕「侈」，四庫本作「移」。

孔子見老聃，老聃新沐，方將被髮而乾，慹然似非人。孔子便而待之，少焉見，曰：「丘也眩與，其信然與？向者先生形體掘若槁木，似遺物離人而立於獨也。」老聃曰：「吾遊心于物之初。」孔子曰：「何謂邪？」曰：「心困焉而不能知，口辟焉而不能言，嘗爲汝議乎其將。

夫物之初者，無有也。無有者，道之真體而與物不耦矣。老聃所以遊之，宜乎孔子稱其形體如槁木，似遺物離人而立於獨也。夫離人者，出於非人之域也；立於獨者，人於天而一也，此老聃所以神妙歟？

至陰肅肅，至陽赫赫；肅肅出乎天，赫赫發乎地；兩者交通成和而物生焉，或爲之紀而莫見其形。消息滿虛，一晦一明，日改月化，日有所爲，而莫見其功。生有所乎萌，死有所乎歸，始終相反乎無端而莫知乎其所窮。非是也，且孰爲之宗。」

一陰一陽之謂道。道生於陰陽，陰陽分而道著然。獨陰不可成，而獨陽不可生，必在交通而然後萬物生成矣。故曰：「至陰肅肅，至陽赫赫，肅肅出乎天，赫赫發乎地，兩者交通成和而物生焉。」夫天陽也，地陰也，肅肅出乎天，赫赫發乎地，見陰陽交通之道也。

孔子曰：「請問遊是。」老聃曰：「夫得是，至美至樂也，得至美而遊乎至樂，謂之至人。」

能全於道者，所以能全於命。命全則爲樂莫大焉，此老聃所以有至美至樂之言也。夫道者，天下之至美也；命者，萬物之至樂也。至美出於道，而視之不見也；至樂出於命，而聽之不聞也。惟能入道，則可全命；惟能有美，則可以有樂，二者非至人不能備之矣。故曰：「得至美而遊乎至樂，謂之至人。」

孔子曰：「願聞其方。」曰：「草食之獸不疾易藪，水生之蟲不疾易水，行少變而不失其大常也，喜怒哀樂不入於胸次。夫天下也者，萬物之所一也。得其所一而同焉，則四肢百體將爲塵垢，而死生終始將爲晝夜而莫之能滑，而況得喪禍福之所介乎？棄隸者若棄泥塗，知身貴於隸也，貴在於我而不失於變。且萬化而未始有極也，夫孰足以患心？已爲道者解乎此。」

天地萬物，同出於道而得一也。人能明得一之妙，則無爲。無爲則無我，無我則形骸如遺土，死生爲往來，皆不能爲累於我矣。豈得失利害可以介蠆〔一〕於心歟？故曰：「夫天下也者，萬物之所一也。得其所一而同焉，則四肢百體皆爲塵垢，而死生終始將爲晝夜而莫之能滑，而況得喪禍福之所介乎？」

〔一〕「蠆」，原作「萬」，據四庫本改。

孔子曰：「夫子德配天地，而猶假至言以修心，古之君子，孰能脱[一]焉？」老聃曰：「不然。夫水之於汋也，無爲而才自然矣。至人之於德也，不修而物不能離焉，若天之自高，地之自厚，日月之自明，夫何修焉？」孔子出，以告顔回曰：「丘之於道也，其猶醯雞與？微夫子之發吾覆也，吾不知天地之大全也。」

缺傳

莊子見魯哀公。哀公曰：「魯多儒士，少爲先生方者。」莊子曰：「魯少儒。」哀公曰：「舉魯國而儒服，何謂少乎？」莊子曰：「周聞之，儒者冠圜冠者，知天時；履句[二]屨者，知地形；緩佩玦者，事至而斷。君子有其道者，未必爲其服也；爲其服者，未必知其道也。公固以爲不然，何不號於國中曰：『無此道而爲此服者，其罪死。』」於是哀公號之五日，而魯國無敢儒服者，獨有一丈夫儒服而立乎公門，公即召而問以國事，千轉萬變而不窮。莊子曰：「以魯國而儒者一人耳，可謂多乎？」百里奚爵禄不入[三]心，故飯牛而牛肥，使秦穆公忘其賤，與之政也。有虞氏死生不入於心，故足以動人。宋元君將

[一]「脱」，原作「説」，據四庫本、《二十二子》本改。
[二]「句」，原作「方」，據四庫本、《二十二子》本改。
[三]四庫本、《二十二子》本「入」下均有「於」字。

畫圖，衆史皆至，受揖而立；舐筆和墨，在外者半。有一史後至者，儃儃然不趨，受揖不立，因之舍。公使人視之，則解衣般礴蠃。君曰：「可矣，是真畫者也。」文王觀於臧，見一丈夫釣，而其釣莫釣；非持其釣有釣者，常釣也。文王欲舉而授之政，而恐大臣父兄之弗安也；欲終而釋之，而不忍百姓之無天也。於是旦而屬之大夫曰：「昔者寡人夢見良人，黑色而頿，乘駁馬而偏朱蹄，號曰：『寓而政於臧丈人，庶幾乎民有瘳乎？』」諸大夫蹵然曰：「先君王也。」文王曰：「然則卜之。」諸大夫曰：「先君之命，王其無他，又何卜焉？」遂迎臧丈人而授之政。典法無更，偏令無出。三年，文王觀於國，則列士壞植散羣，長官者不成德，斔斛不敢入於四境。列士壞植散羣，則尚同也；長官者不成德，則同務也；斔斛不敢入於四境，則諸侯無二心也。文王於是焉以爲大師，北面而問曰：「政可以及天下乎？」臧丈人昧然而不應，泛然而辭，朝令而夜遁，終身無聞。顔淵問於仲尼曰：「文王其猶未邪？又何以夢爲乎？」仲尼曰：「默，汝無言。夫文王盡之也，而又何論刺焉。彼直以循斯須也。」

夫魯國之多儒，周邦之多臣，及其所得則乃一儒一丈夫矣。故魯得一儒，而哀公問之國事，則千轉萬變而不窮；周得一丈夫，而文王授之邦政，則四境諸侯無二心。是二人者，得於心者充足，而爲於外者有餘，所謂全才而德不形，故莊子言於此篇矣。

列御寇爲[一]伯昏無人射，引之盈貫，措杯水其肘上，發之，適矢復沓，方矢復寓。當是時，猶象人也。伯昏無人曰：「是射之射，非不射之射也。嘗與汝登高山，履危石，臨百仞之淵，若能射乎？」於是無人遂登高山，履危石，臨百仞之淵，背逡巡，足二分垂在外，揖御寇而進之。御寇伏地，汗流至踵。伯昏無人曰：「夫至人者，上闚青天，下潛黃泉，揮斥八極，神氣不變。今汝怵然有恂目之志，爾於中也殆矣夫。」

至人者，潛行而不窒，所入而皆得，放心於天地之外而不入於形器之内，忘於危險而豈有懼慴歟？此伯昏無人所以言其闚青天，潛黃泉，揮斥八極，而神氣不能變也。

肩吾問於孫叔敖曰：「子三爲令尹而不榮華，三去之而無憂色。吾始也疑子，今視子之鼻間栩栩然，子之用心獨奈何？」孫叔敖曰：「吾何以過人哉？吾以其來不可却也，其去不可止也，吾以爲得失之非我也，而無憂色而已矣。我何以過人哉？且不知其在彼乎？其在我乎？其在彼邪，亡乎我；在我邪，亡乎彼。方將躊躇，方將四顧，何暇至[二]乎人貴人賤哉？」仲尼聞之曰：「古之真人，知者不得說，美人不得濫，盜人不得劫，伏戲、

[一]「列御寇爲」，原脱，據四庫本及諸本補。

[二]「至」，四庫本作「知」。

黄帝不得友。死生亦大矣，而無變乎己，況爵禄乎？若然者，其神經乎大山而無介，入乎淵泉而不濡，處卑細而不憊，充滿天地，既以與人，己愈有。」楚王與凡君坐，少焉，楚王左右曰凡亡者三。凡君曰：「凡之亡也，不足以喪吾存。夫凡之亡不足以喪吾存，則楚之存不足以存存。由是觀之，則凡未始亡而楚未始存也。」

至人者，以形骸爲寓寄，生死爲往來，而況爵禄軒冕之外物乎？此孫叔敖所以三仕三去，而無榮華憂色也。夫爵禄軒冕，物之來寄也，其來不可卻，其去不可止。來去在彼而不在我，故曰「吾以得失之非我也」。得失之非我，則又何憂喜於其間，故曰「而無憂色而已矣」。此叔敖之能忘於外物，孔子所以引古之真人而稱之也。

知北遊篇

夫窈冥寂寞，希夷微妙者，至道之真體。體固不可以情求，不可以智窺，惟以無知而爲得矣。此莊子因而作《知北遊》之篇。

知北遊於玄水之上，登隱弅之丘，而適遭無爲謂焉。知謂無爲謂曰：「予欲有問乎若：

何思何慮則知道？何處何服則安道？何從何道則得道？」三問而無爲謂不答也，非不答，不知答也。知不得問，反於白水之南，登狐闋之上，而睹狂屈焉。知以之言也問乎狂屈。狂屈曰：「唉，予知之，將語若，中欲言而忘其所欲言。」知不得問，反於帝宮，見黄帝而問焉。黄帝曰：「無思無慮始知道，無處無服始安道，無從無道始得道。」知問黄帝曰：「我與若知之，彼與彼不知也，其孰是耶？」黄帝曰：「彼無爲謂真是也，狂屈似之；我與汝終不近也。夫知者不言，言者不知，故聖人行不言之教。道不可致，德不可至。仁可爲也，義可虧也，禮相僞也。故曰：『失道而後德，失德而後仁，失仁而後義，失義而後禮。禮者，道之華而亂之首也。』故曰：『爲道者日損，損之又損之以至於無爲，無爲而無不爲也。』今已爲物也，欲復歸根，不亦難乎？其易也，其唯大人乎？生也死之徒，死也生之始，孰知其紀？人之生，氣之聚也；聚則爲生，散則爲死。若死生爲徒，吾又何患？故萬物一也，是其所美者爲神奇，其所惡者爲臭腐；臭腐復化爲神奇，神奇復化爲臭腐。故曰：『通天下一氣耳。』聖人故貴一。」知謂黄帝曰：「吾問無爲謂，無爲謂不應我。非不我應，不知應我也。吾問狂屈，狂屈中欲告我而不我告，非不我告，中欲告而忘之也。今予問乎若，若知之，奚故不近？」黄帝曰：「彼其真是也，以其不知也；此其似之也，以其忘之也；予與若終不近也，以其知之也。」狂屈聞之，以黄帝爲知言。

夫智者，言其陽明也；北者，言其陰晦也。能不用明而自晦，則入於至道之妙也。故曰：「知北遊於玄水之上，隱弅之丘，適遭無爲謂焉。」故無爲者，未免於有爲也。未免於有爲，則豈足以知道。此所以不答知之所問也。智以無爲之不答，復之陽明而所以決其所問焉。故曰：「反於白水之南，登〔一〕狐闋之上，而睹狂屈焉。」白水之南者，言陽明也。狐闋之上者，言中心疑而不果也。狂者，言其有所取；屈者，言其有所伸，亦未爲於無爲也。未爲於無爲，則亦不足以知於道。此所以答智以予知之將告若之言也。智以二子皆不知道也，非聖人不可以明，故復之帝宮而問黄帝焉。黄帝者，聖人也，足以知其至道矣。夫何思何慮者，無心也；何處何服者，無體也；何從何道者，無方也。無心所以言至虛，無體所以言真空，無方所以言至妙。至虛者，道之所集也，故曰「則知道」。真空者，道之所存也，故曰「則安道」。至妙者，道之所在也，故曰「則得道」。此三者，非聖人不能以知之。故黄帝曰：「我與若知之，彼與彼不知也。」無爲狂屈者，皆莊子製名而寓意。

天地有大美而不言，四時有明法而不議，萬物有成理而不説。聖人者，原天地之美而達

〔一〕「登」，原作「澄」，據四庫本及前引《莊子》原文改。

萬物之理，是故至人無爲，大聖不作，觀於天地之謂也。今彼神明至精，與彼百化，物已死生方圓，莫知其根也，扁然而萬物自古以固存。六合爲巨，未離其内；秋毫爲小，待之成體。天下莫不沉浮，終身不故；陰陽四時運行，各得其序。惛然若亡而存，油然不形而神，萬物畜而不知。此之謂本根，可以觀於天矣。

知道者不言，言者不知，故天地自道而生，而未嘗論人以覆載之功。四時隨道而行，而未嘗告人以寒暑之期；萬物由道而出，未嘗語人以生成之理。聖人者，與天地合其德，與四時合其序，曲通萬物之情，而與道冥會，未嘗諄諄然以諭人矣。故曰：「聖人者，原天地之美而達萬物之理。」是故至人無爲者，任其自然而無所爲也；大聖不作者，付之自成而無所作也。此至人、聖人合天地之不言也，故曰「觀於天地之謂也」。

齧缺問道乎被衣，被衣曰：「若正汝形，一汝視，天和將至；攝汝知，一汝度，神將來舍。德將爲汝美，道將爲汝居，汝瞳焉如新生之犢，而無求其故。」言未卒，齧缺睡寐。被衣大説，行歌而去之，曰：「形若槁骸，心若死灰，真其實知，不以故自持。媒媒晦晦，無心而不可與謀。彼何人哉？」

正汝形者，使之無勞汝形也；一汝視者，使之不見可欲也。無勞汝形，則形全也；

不見可欲，則精復也。形全精復，則與天爲一矣，故曰「天和將至」。攝汝知者，使之無思無爲也；一汝度者，使之不益不損也。無思無爲，則反朴也；不益不損，則全純也。反朴全純，則其神不虧矣，故曰「神將來舍」。德將爲汝美者，游於自得之場也；道將爲汝居者，處於至虛之域。「汝瞳焉如新生之犢而無求其故」，所謂復歸於初也。此皆入道之真理，故齧缺遽悟而心得之，此所以聽言未卒而睡寐也。

舜問乎丞曰：「道可得而有乎？」曰：「汝身非汝有也，汝何得有夫道？」舜曰：「吾身非吾有也，孰有之哉？」曰：「是天地之委形也；生非汝有，是天地之委和也；性命非汝有，是天地之委順也；孫子非汝有，是天地之委蜕也。故行不知所往，處不知所持，食不知所味。天地之彊陽氣也，又胡可得而有邪？」

缺傳

孔子問於老聃曰：「今日晏間，敢問至道。」老聃曰：「汝齋戒，疏瀹而心，澡雪而精神，掊擊而知。夫道，窅然難言哉。將爲汝言其崖略。夫昭昭生於冥冥，有倫生於無形，精神生於道，形本生於精，而萬物以形相生，故九竅者胎生，八竅者卵生。其來無迹，其往無崖，無門無房，四達之皇皇也。邀於此者，四枝彊，思慮恂達，耳目聰明，其用心不勞，其應物無方。天不得不高，地不得不廣，日月不得不行，萬物不得不昌，此其道與？且夫博之不必知，辯之不必慧，聖人以斷之矣。若夫益之而不加益，損之而不加損者，聖人之所保也。淵淵乎其若海，魏魏乎其終則復始也，運量萬物而不匱。則君子之道，彼其外與？萬物皆往資焉而不匱，此其道與？中國有人焉，非陰非陽，處於天地之間，直且爲人焉，將反於宗。自本觀之，生者，喑醷物也。雖有壽夭，相去幾何？須臾之説也，奚足以爲堯，桀之是非？果蓏有理，人倫雖難，所以相齒。聖人遭之而不違，過之而不守。調而應之，德也；偶而應之，道也；帝之所興，王之所起也。人生天地之間，若白駒之過郤，忽然而已。注然勃然，莫不出焉；油然漻然，莫不入焉。已化而生，又化而死，生物哀之，人類悲之。解其天弢，墮其天袠，紛乎宛乎，魂魄將往，乃身從之，乃大歸乎？不形之形，形之不形，是人之所同知也，非將至之所務也，此衆人之所同論也。彼至則不論，論則不至。明見無值，辯不若默。道不可聞，聞不若塞。此之謂大得。」

夫老聃，神人也，其妙所以無方，而其深所以不測。與孔子之言道，則自精而至于粗，自無而至于有，故首言昭昭生於冥冥，而終言形之不形。夫昭昭生於冥冥者，所謂天地生於混成也。有天地，然後有人倫；有人倫，然後有萬物，而君臣帝王之道無有不備，此道之生成如此也。然而道不可辯也，辯之不若不辯也，故曰「辯不若默」。道不可聞也，聞之不若不聞也，故[二]曰「聞不若塞」。不辯不聞則無爲，無而心得矣，故曰「此之謂大得」。此老聃與孔子之言道，而始終之序如此也。

東郭子問於莊子曰：「所謂道，惡乎在？」莊子曰：「無所不在。」東郭子曰：「期而後可。」莊子曰：「在螻蟻。」曰：「何其下邪？」曰：「在稊稗。」曰：「何其愈下邪？」曰：「在瓦甓。」曰：「何其愈甚邪？」曰：「在屎溺。」東郭子不應。莊子曰：「夫子之問也，固不及質。正獲之問於監市履狶也，每下愈況。汝唯莫必，無乎逃物。至道若是，大言亦然。周徧咸三者，異名同實，其指一也。嘗相與遊乎無何有之宫，同合而論，無所終窮乎，嘗相與無爲乎，澹而静乎，漠而清乎，調而閒乎？寥已吾志，無往焉而不知其所至，去而來不知其所止，吾已往來焉，而不知其所終；彷徨乎馮閎，大知入焉而不知其所窮。物物者與物無際，而物有際者，所謂物際者也；不際之際，際之不際者也。謂盈虚衰殺，彼爲盈虚非盈虚，彼爲衰殺非衰殺，彼爲本末非本末，彼爲積散非積散也。」妸荷甘與神農同學於老龍吉，神農隱几闔户晝瞑，妸荷甘日中奓户而入，曰：「老龍死矣。」神農隱几擁杖而起，曝然放杖而笑，曰：「天知予僻陋慢訑，故棄予而死。已矣夫子。無

[二]「故」，四庫本作「又」。

所發予之狂言而死矣夫。」弇堈弔聞之，曰：「夫體道者，天下之君子所繫焉。今於道，秋毫之端萬分未得處一焉，而猶知藏其狂言而死，又況夫體道者乎？視之無形，聽之無聲，於人之論者，謂之冥冥，所以論道而非道也。」

道者，萬物之所道也。在體爲體，在用爲用，無名無迹，而無乎不在。故自有而觀，則足以知其徼；自無而觀，則足以知其妙。虚静寥遠，而無有終始，此道之至妙之理也。東郭子不知其然，而問道之烏在，所謂蔽於一曲也。蔽於一曲，則不能知道之深遠，故莊子答之以「無所不在」也。

於是〔一〕泰清問乎無窮曰：「子知道乎？」無窮曰：「吾不知。」又問乎無爲。無爲曰：「吾知道。」曰：「子之知道，亦有數乎？」曰：「有。」曰：「其數若何？」無爲曰：「吾知道之可以貴，可以賤，可以約，可以散，此吾所以知道之數也。」泰清以之言也問乎無始，曰：「若是，則無窮之弗知與無爲之知，孰是而孰非乎？」無始曰：「不知深矣，知之淺矣；弗知内矣，知之外矣。」於是泰清中而歎曰：「弗知乃知乎？知乃不知乎？孰知不知之知？」

〔一〕「於是」，原脱，據四庫本、《二十二子》本補。

夫道無所不在，天地萬物由之而後成，不可以言，不可以拘而已矣。故聖人知之而不言，得之而不拘，此無窮答泰清以不知也。夫不知者，深知也；深知者，得之於内也。此無始所以有「不知深矣」，「弗知内矣」之言也。然泰清以無窮真不知道也，故復問於無爲。無爲者，未免於有爲，是以答泰清以「吾知道可以貴，可以賤，可以約，可以散也」。夫知之者，知淺也；知淺者，得之於外也，此無始所以有「知之淺矣」，「知之外矣」之言也。然無窮者，無有其極也；無始者，無有其初也，此二子所以能知於道矣。故泰清所以遽悟而興於歎也。

無始曰：「道不可聞，聞而非也；道不可見，見而非也；道不可言，言而非也。知形形之不形乎？道不當名。」

道聽之不聞也，故曰「道不可聞」。視之不見也，故曰「不可見」。摶之而不得也，故曰「不可言」。可聞則非爲其道也，故曰「聞而非也」。可見則亦非爲道也，故曰「見而非也」。可言則又非爲道也，故曰「言而非也」。夫不可聞、不可見者，無形之形也，故曰：「知形形之不形乎？」不可言者，無名之名也，故曰「道不當名」。此無始所以能明於道乎？

無始曰：「有問道而應之者，不知道也。雖問道者，亦未聞道。道無問，問無應。無問問

之，是問窮也；無應應之，是無内也。以無内待問窮，若是者，外不觀乎宇宙，内不知乎太初，是以不過乎崐崘，不遊乎太虛。」

夫道至妙而不可問，無形而不可言，故曰：「道無問，問無應。」既無問而强問之，是所問有所終〔一〕極矣，故曰：「無問問之，是問窮也。」既無應而强應之，是所應得之於外矣，故曰：「無應應之，是無内也。」無内則所知不深矣，終極則所見不廣矣，如此則安能通達於無盡之外，而明了於太初之初，逍遥於廣莫之野，放縱於無何有之鄉歟？故曰：「以無内待問窮，若是者，外不觀乎宇宙，内不知乎太初，是以不過乎崐崘，不遊乎太虛。」此無始所以復諭太清以道不可言也。

光曜問乎無有曰：「夫子有乎？其無有乎？」光曜不得問，而孰視其狀貌，窅然空然，終日視之而不見，聽之而不聞，搏之而不得也。光曜曰：「至矣。其孰能至此乎？予能有無矣，而未能無無也；及爲無有矣，何從至此哉？」大馬之捶鉤者，年八十矣，而不失豪芒。大馬曰：「子巧與？有道與？」曰：「臣有守也。臣之年二十而好捶鉤，於物無視也，非鉤無察也。是用之者，假不用者也以長得其用，而況乎無不用者乎？物孰不

〔一〕「有所終」，四庫本作「有終始」。

資焉？」

光曜者，言其明智也；無有者，言其真空也。以明智而求真空，則所以止知粗徼也。故曰「孰視其狀貌」，然而知粗而必至于精，知徼而必至于妙。故光曜終日視之而不見，聽之而不聞，搏之而不得，所謂至于精妙也。至于精妙，則自知其學不及矣，故曰：「予能有無矣，未能無無也。」夫真空之妙，理蓋自無而得之矣，非由學而後至也，故曰：「及爲無有矣，何從至此哉？」此莊子寓言至道之妙於二子矣。

冉求問於仲尼曰：「未有天地可知邪？」仲尼曰：「可。古猶今也。」冉求失問而退，明日復見，曰：「昔者吾問『未有天地可知乎？』夫子曰：『可。古猶今也。』昔日吾昭然，今日吾昧然，敢問何謂也？」仲尼曰：「昔之昭然也，神者先受之；今之昧然也，且又爲不神者求邪？無古無今，無始無終。未有子孫而有子孫可乎？」冉求未對。仲尼曰：「已矣，未應矣。不以生生死，不以死死生。死生有待邪？皆有所一體。有先天地生者物邪？物物者非物。物出不得先物也，猶其有物也。猶其有物也，無已。聖人之愛人者終無已者，亦乃取於是者也。」

昔之昭然者，與道冥會也，故曰「神者先受之」。今之昧然者，求則愈惑也，故曰「且又爲不神者求邪」。無古無今，無始無終者，道之妙體也。達於道之妙體，則入於不生不死之域。此仲尼所以未待冉求之對而言，不以生生死，不以死死生也。

顏淵問乎仲尼曰：「回嘗聞諸夫子曰：『無有所將，無有所迎。』回敢問其遊。」仲尼曰：「古之人，外化而內不化，今之人，內化而外不化。與物化者，一不化者也。安化安不化，安與之相靡，必與之莫多。狶韋氏之囿，黄帝之圃，有虞氏之宫，湯武之室，君子之人，若儒墨者師，故以是非相整也，而況今之人乎？聖人處物不傷物。不傷物者，物亦不能傷也。唯無所傷者，爲能與人相將迎。山林與，臯壤與，使我欣欣然而樂與。樂未畢也，哀又繼之。哀樂之來，吾不能御，其去弗能止。悲夫，世人直謂物逆旅耳。夫知遇而不知所不遇，知能能而不能所不能。無知無能者，固人之所不免也。夫務免乎人之所不免者，豈不亦悲哉？

外化而內不化者，心得於道而體自冥合也。內化而外不化者，心務求道而體不順也。與物化者，一不化者，蓋能與物齊同，而抱一不變也。安化安不化者，任其自化，而無使化也。安與之相靡者，無心於物而不與之靡刃也。必與之莫多者，贍足衣被而不爲有餘也。狶韋氏之囿，黄帝之圃，有虞氏之宫，湯武之臺者，此言道爲聖人之域，而無心足以游處也。

至言去言，至爲去爲。齊知之所知，則淺矣。

至言者，不言也，故曰「至言去言」。至爲者，無爲也，故曰「至爲去〔二〕爲」。二者非入於至道，則安能去言去爲矣？是以言之於終篇。

〔二〕「去」，原作「無」，據四庫本及前引《莊子》原文改。

南華真經新傳卷之十二

宋王元澤傳

雜篇　庚桑楚篇

夫能達於至道之妙者，則處無爲，任自然，不期於化而物自化，此庚桑子之若是矣。莊子因而作《庚桑楚》篇。

老聃之役有庚桑楚者，偏得老聃之道，以北居畏壘之山，其臣之畫然知者去之，其妾之絜然仁者遠之；擁腫之與居，鞅掌之爲使。居三年，畏壘大穰。畏壘之民相與言曰：「庚桑子之始來，吾洒然異之。今吾日計之而不足，歲計之而有餘。庶幾其聖人乎？子胡不相與尸而祝之，社而稷之乎？」庚桑子聞之南面而不釋然〔一〕。

夫老子之道，以真空爲體，以妙有爲用，非至人孰能心得之？庚桑子可謂至人，而能

〔一〕「然」，原屬下句，據四庫本及諸本移至「釋」字下。

達真空妙有之趣也，故曰「偏得老聃之道」。夫得於真空則至虛也，達於妙有則至靜也。虛靜無爲，則與天地同其流，陰陽同其和；不迕於物，而所居皆化，此畏壘所以大穰也。然而至人非求異於人，而人所以自異之，此畏壘之民所謂自異於庚桑子也。爲而不恃，功成不居，見寵而驚，聞譽而懼，此畏壘之民以豐穰由庚桑子之所致，欲以尸祝社稷而尊事之，楚所以聞而不懌也。

弟子異之。庚桑子曰：「弟子何異於予？夫春氣發而百草生，正得秋而萬寶成。夫春與秋，豈無得而然哉？天道已行矣。吾聞至人，尸居環堵之室，而百姓倡[一]狂不知所如往。今以畏壘之細民而竊竊焉欲俎豆予于賢人之間，我其杓之人邪？吾是以不釋於老聃之言。」

夫至人藏天真，忘天機，黜聰明，棄智慮，魄然忘其所爲而任自然，故曰「尸居環堵之室也」。然而至人所居如此也，不與物接而物亦不知其所然也，故曰「百姓猖狂不知所如往」。

弟子曰：「不然。夫尋常之溝，巨魚無所還其體，而鯢鰌爲之制；步仞之丘陵，巨獸無所

〔一〕「倡」，四庫本作「猖」。

隱其軀，而孽狐爲之祥。且夫尊賢授能，先善與利，自古堯、舜以然，而況畏壘之民乎？夫子亦聽矣。」庚桑子曰：「小子來。夫函車之獸，介而離山，則不免於罔罟之患；吞舟之魚，碭而失水，則蟻能苦之。故鳥獸不厭高，魚鼈不厭深。夫全其形生之人，藏其身也，不厭深眇而已矣。且夫二子者，又何足以稱揚哉？是其於辯也，將妄鑿垣牆而殖蓬蒿也。簡髮而櫛，數米而炊，竊竊乎又何足以濟世哉？舉賢則民相軋，任知則民相盜。之數物者，不足以厚民。民之於利甚勤，子有殺父，臣有殺君，正晝爲盜，日中穴阫。吾語汝，大亂之本，必生於堯、舜之間，其末存乎千世之後。千世之後，其必有人與人相食者也。」

巨魚，陰類也；獸，陽物也。陰隱而陽顯，此物理之自然也。庚桑子之弟子言巨魚、巨獸而告庚桑子，所以明其隱顯之理也。然隱者自隱，顯者自顯，各守其極，則不致於累。儻隱過其極，則爲顯所制；顯過其極，則爲隱所拘；此亦勢之自然也。故庚桑子所以答以獸離山而罔罟制，魚失水而螻蟻苦，以其失隱顯之異也。豈若各守其極，而退藏於深眇乎？以此見至人能冥其極而所以全身也。

南榮趎蹵然正坐曰：「若趎之年者已長矣，將惡乎託業以及此言邪？」庚桑子曰：「全汝形，抱汝生，無使汝思慮營營。若此三年，則可以及此言也。」南榮趎曰：「目之與形，吾不知其異也，而盲者不能自見；耳之與形，吾不知其異也，而聾者不能自聞；心之與形，吾不知其異也，而狂者不能自得。形之與形亦辟矣，而物或間之邪？欲相求而不能相得？今謂趎曰：『全汝形，抱汝生，勿使汝思慮營營。』趎勉聞道達耳矣。」庚桑子曰：「辭盡矣。曰奔蜂不能化藿蠋，越雞不能伏鵠卵，魯雞固能矣。雞之與雞，其德非不同也，有能與不能者，其才固有巨小也。今吾才小，不足以化子，子胡不南見老子？」南榮趎贏糧，七日七夜至老子之所。老子曰：「子自楚之所來乎？」南榮趎曰：「唯。」老子曰：「子何與人皆[一]來之衆也？」南榮趎懼然顧其後。老子曰：「子不知吾所謂乎？」南榮趎俯而慙，仰而歎曰：「今者吾忘吾答，因失吾問。」老子曰：「何謂也？」南榮趎曰：「不知乎？人謂我朱愚。知乎？反愁我軀。不仁則害人，仁則反愁我身；不義則傷彼，義則反愁我己。我安逃此而可？此三言者，趎之所患也，願因楚而問之。」老子曰：「向吾見若眉睫之間，吾因以得汝矣，今汝又言而信之。若規規然，若喪父母，揭竿而求諸海也。汝亡人哉，惘惘乎。汝欲反汝情性而無由入，可憐哉。」南榮趎請入就舍，召其所好，去其所惡，十日自愁，復見老子。老子曰：「汝自洒濯，孰哉鬱鬱乎。然而

〔一〕「皆」，四庫本作「偕」。

其中津津乎，猶有惡也。

全汝形者，所謂不虧其形也；抱汝生者，所謂善攝生者也；無使汝思慮營營者，所謂無心於物也。三者非至人不能具之矣。

夫外韄者不可繁而捉，將内揵；内韄者不可繆而捉，將外揵。外内韄者，道德不能持，而況放道而行者乎？」南榮趎曰：「里人有病，里人問之，病者能言其病，然其病病者，猶未病也。若趎之聞大道，譬猶飲藥以加病也，

夫耳目外也，心智内也，耳目用於外，則心智蕩於内；心智蕩於内，則耳目用於外。用於外者，雖爲有得，而心智從而難制也。故曰：「外韄者不可繁而捉，將内揵。」蕩於内者，亦爲有得，而耳目從而難閉也。故曰：「内韄者不可繆而捉，將外揵。」内外惑於所得，而不能制，其於道德難存矣。故曰：「外内韄者，道德不能持。」此皆有我之累也。惟至人無我，而外遺於耳目，内忘於心智，入於真空自得之域，而自古以固存。此老子諭南榮趎以至人之道也。

趎願聞衞生之經而已矣。」老子曰：「衞生之經，能抱一乎？能勿失乎？能無卜噬而知吉凶乎？能止乎？能已乎？能舍諸人而求諸己乎？能翛然乎？能侗然乎？能兒子乎？兒子終日嗥而嗌不嗄，和之至也；終日握而手不挩，共其德也；終日視而目不瞚，偏不

在外也。行不知所之，居不知所爲，與物委蛇，而同其波。是衛生之經已。」南榮趎曰：「然則是至人之德已乎？」曰：「非也。是乃所謂冰解凍釋者[一]，

衛生者，衛全其生也。能衛全其生，則生所以常存，故曰「衛生之經」也。夫全生之道，必先無摇汝精也，故曰：「能抱一乎？」無摇其精，則自得也，故曰：「能勿失乎？」自得則能明禍福也，故曰：「能無卜筮而知吉凶乎？」明於禍福，則不役於物也，故曰：「能止[二]乎？」不役於物，則了達也，故曰「能已乎？」了達則忘彼而全形也，故曰：「能舍諸人而求己乎？」形全則死生聚散不能爲累於胸中，所以復歸於嬰兒也，故曰：「能翛然乎？能侗然乎？能嬰兒乎？」復歸於嬰兒，則聲雖發而專氣致柔也，故曰：「兒子終日嗥而嗌不嗄，和之至也。」手雖握而非爲有得也，故曰：「終日握而手不掜，共其德也。」目雖視而非用其明也，故曰：「終日視而目不瞚，偏不在[三]外也。」足雖行而非有所遂也，故曰：「行不知所之。」身雖止而非有所作也，故曰：「居不知所爲。」與物齊諧而同其流，此所謂全生之道也，故

[一] 《二十二子》本「者」下有「能乎」二字。
[二] 「止」，原作「上」，據四庫本及前引《莊子》原文改。
[三] 「不」，原脱，據四庫本及前引《莊子》原文補。

曰：「與物委蛇，而同其波。是衛生之經也。」

夫至人者，相與交食乎地而交樂乎天，不以人物利害相攖，不相與爲怪，不相與爲謀，不相與爲事，翛然而往，侗然而來。是謂衛生之經已。」曰：「然則是至乎？」曰：「未也。吾固告汝曰：『能兒子乎？』兒子動不知所爲，行不知所之，身若槁木之枝而心若死灰。若是者，禍亦不至，福亦不來。禍福無有，惡有人災也。」

夫至人者，與物爲一而不異於人，食其所食而樂其所樂，虛心善應而事莫能累，無意於物而怪何能動，何思何慮而豈有其謀，無心無爲而非有於事，往來無礙而自在圓通，此至人全生常存之道也。故曰：「是衛生之經已。」

宇泰定者，發乎天光。發乎天光者，人見其人。人有修者，乃今有恒；有恒者，人舍之，天助之。人之所舍，謂之天民；天之所助，謂之天子。

夫至人復歸於嬰兒，則精全而神王也，志廣而氣充也。精全神王，則與天爲一；志廣氣充，則其明自照。故曰：「宇泰定者，發乎天光。」宇者，精神志氣之所宅也。至人之精神志氣，豈有移易乎？故曰泰定也。以其泰定，則自然明照，所以謂之天光也。

學者，學其所不能學也；行者，行其所不能行也；辯者，辯其所不能辯也。知止乎其所

不能知，至矣；若有不即是者，天鈞敗之。備物以將形，藏不虞以生心，敬中以達彼，若是而萬惡至者，皆天也，而非人也，不足以滑成，不可内於靈臺。靈臺者，有持而不知其所持，而不可持者也。不見其誠己而發，每發而不當，業入而不舍，每更爲失。爲不善乎顯明之中者，人得而誅之；爲不善乎幽間之中者，鬼得而誅之。明乎人，明乎鬼者，然後能獨行。券内者，行乎無名；券外者，志乎期費。行乎無名者，唯庸有光；志乎期費者，唯賈人也，人見其跂，猶之魁然。

全生之道，學者不能學之也，行者不能行之也，辯者不能辯之也，智者不能知之也。惟絶學、忘行、去辯、喪智，任於自然則得之也。故曰：「學者，學其所不能學也；行者，行其所不能行也；辯者，辯其所不能辯也。知止乎所不能知，至矣。」不能如此而强欲求爲之，則不惟傷生，而自然之性命亦喪矣。故曰「若有不即是者，天鈞敗之。」

與物窮者，物入焉；與物且者，其身之不能容，焉能容人？不能容人者無親，無親者盡人。兵莫憯于志，鏌鋣爲下；寇莫大於陰陽，無所逃於天地之間。非陰陽賊之，心則使之也。道通，其分也，其成也，毁也。所惡乎分者，其分也以備；所以惡乎備者，其有以備。故出而不反，見其鬼；出而得，是謂得死。滅而有實，鬼之一也。以有形者象無形者而定矣。

夫全生之道，必先虛心，心虛則足以有容矣。有容，則物來而不拒；不虛，則不能容於物。不能容於物，則不能容於身；不能容於身，則豈足以容他人乎？故曰：「與物且者，其身之不能容，焉能容人？」夫不能容人，則分彼我也；彼我分，則人疏而不依，而人自爲人爾。故曰「不能容人者無親，無親者盡人」，此不能内虛其心也。故心既不虛，則志帥妄行而戕害其性命，所以愈於利器矣。故曰：「兵莫憯于志，鏌鋣爲下。」志帥妄行而氣亦從而亂，則喜出於喜而毗陽，怒出於怒而毗陰，其爲賊害尤甚矣，安足以逃於形器之外乎？故曰：「寇莫大於陰陽，無所逃於天地之間。」然賊害其性命之甚者，非爲陰陽之所致，由心不虛而喜怒妄出也。故曰：「非陰〔一〕陽賊之，心則使之也。」

出無本，入無竅。有實而無乎處，有長而無乎本剽，有所出而無竅者有實。有實而無乎處者，宇也；有長而無本剽者，宙也。有乎生，有乎死；有乎出，有乎入，入出而無見其形，是謂天門。天門者，無有也，萬物出乎無有。有不能以有爲有，必出乎無有，而無有

〔一〕「陰」下原有「非」字，據四庫本及前引《莊子》原文删。

一無有，聖人藏乎是。古之人，其知有所至矣。惡乎至？有以爲未始有物者，至矣，盡矣，弗可以加矣。其次以爲有物矣，將以生爲喪也，以死爲反也，是以分已。其次曰始無有，既而有生，生俄而死；以無有爲首，以生爲體，以死爲尻；孰知有無死生之一守者，吾與之爲友。是三者雖異，公族也，昭景也，著戴也，甲氏也，著封也，非一也。有生，黬也，披然曰移是。嘗言移是，非所言也。雖然，不可知者也。臘者之有膍胲，可散而不可散也；觀室者周於寢廟，又適其偃焉，爲是舉移是。請嘗言移是。是以生爲本，以知爲師。因以乘是非；果有名實，因以己爲質；使人以爲己節，因以死償節。若然者，以用爲知，以不用爲愚，以徹爲名，以窮爲辱。移是，今之人也，是蜩與鷽鳩同於同也。蹍市人之足，則辭以放鶩，兄則以嫗，大親則已矣。

生者，從無而入有，故曰「出無本」；死者，從有而入無，故曰「入無竅」。無本無竅，則安有其形乎？故曰「無見其形」。無見其形，則自然而出入也，故曰「是謂天門」。天門出於自然，豈爲有形乎？故曰「天門者，無有也」。故無有者，道之真體而萬物莫不皆由之，故曰「萬物出乎無有」。無有豈以有而爲有乎？此萬物必由而已矣，故曰「有不能以有爲有，必出乎無有」。道既無有，而復能抱一於無有，則此聖人之所以藏用而任其無有〔二〕也，故曰：「而無有一無有。聖人藏乎是。」此莊子寓言道之至妙也。

故曰：至禮有不人，至義不物，至知不謀，至仁無親，至信辟金。

至禮無體，故曰「有不人」；至義無宜，故曰「不物」；至智無知，故曰「不謀」；至仁無愛，故曰「無親」；至信無質，故曰「辟金」。五者皆以無爲體，則合於大道之妙矣。

徹志之勃，解心之謬，去德之累，達道之塞。貴富顯嚴名利六者，勃志也；容動色理氣意六者，謬心也；惡欲喜怒哀樂六者，累德也；去就取與知能六者，塞道也。此四六者，不盪胸中則正，正則靜，靜則明，明則虛，虛則無爲而無不爲也。

徹志之勃，則志一也；解心之謬，則心虛也；去德之累，則自得也；達道之塞，則不蔽也。志一，則貴富難役也，顯嚴難威也，利名難動也。心虛，則容動自安也，色理自順也，氣意自適也。自得，則惡欲不生也，喜怒不出也，哀樂不入也。不蔽，則去就必謹也，取與必宜也，知能必當也。數者不能亂志謬心，累德塞道，則胸中所以正靜明虛，而無爲而爲也。故曰：「徹志之勃，解心之謬，去德之累，達道之塞。貴富

〔二〕「有」，原作「爲」，據四庫本改。

顯嚴名利六者，勃志也；容動色理氣意六者，謬心也；惡欲喜怒哀樂六者，累德也；去就取與知能六者，塞道也。此四六者不盪胸中則正，正則靜，靜則明，明則虛，虛則無爲而無不爲也。」

道者，德之欽也；生者，德之光也；性者，生之質也。性之動，謂之爲；爲之僞，謂之失。知者，接也；知者，謨也；知者之所不知，猶睨也。動以不得已之謂德，動無非我之謂治，名〔一〕相反而實相順也。

道者，至妙而尊於德也，故曰「道者，德之欽也」。生者，以適來而得之明也，故曰「生者，德之光也」。性者，至靜而生之本也，故曰「性者，生之質也」。性感物則必動也，故曰「性之動，謂之爲」。爲本人爲，則非得也，故曰「爲之僞，謂之失」。

羿工乎中微而拙乎使人無己譽，聖人工乎天而拙乎人。夫工乎天而俍乎人者，唯全人能之。唯蟲能蟲，唯蟲能天。全人惡天，惡人之天，而況吾天乎人乎？一雀適羿，羿必得之，威也；以天下爲之籠，則雀無所逃。是故湯以胞〔二〕人籠伊尹，秦穆公以五羊之皮籠百里奚。是故非以其所好籠之而可得者，無有也。介者拸畫，外〔三〕非譽也；胥靡登高而

〔一〕「名」，底本漫漶，據四庫本、《二十二子》本補。

〔二〕「胞」，四庫本作「庖」。

〔三〕「外」，原脱，據四庫本、《二十二子》本補。

不懼，遺死生也。夫復謵不餽而忘人；忘人，因以爲天人矣。故敬之而不喜，侮之而不怒者，唯同乎天和者爲然。出怒不怒，則怒出於不怒矣；出爲無爲，則爲出於無爲矣。

羿工乎中微而拙乎使人無譽己者，所謂使人忘我難是也。聖人工乎天而拙乎人者，所謂使天下兼忘我難是也。至于神人，則其道合於天，其用利於人，鼓舞萬物而不與聖人同憂，所謂兼忘而已矣。故曰：「工乎天而俍乎人者，唯全人能之。」

欲靜則平氣，欲神則順心，有爲也。欲當則緣於不得已，不得已之類，聖人之道。

氣者，靜之所宅也；心者，神之所潛也。平氣之所適，則必靜也，故曰「欲靜則平氣」。順心之所爲，則必神也，故曰「欲神則順之」。有爲也，能平氣順心，則動非妄動而俟其感而後應也，故曰「欲當則緣於不得已」。夫感而後應，豈有心於萬物乎？非聖人，孰能至於此？故曰：「不得已之類，聖人之道也。」

南華真經新傳卷之十三

宋王元澤傳

徐無鬼篇

夫能平心順氣，以道爲務而忘於貧賤窮達，則入於至人之域。此徐無鬼之能若是矣。莊子因而作《徐無鬼》之篇。

徐無鬼因女商見魏武侯，武侯勞之曰：「先生病矣。苦於山林之勞，故乃肯見於寡人。」徐無鬼曰：「我則勞於君，君有何勞於我？君將盈嗜欲，長好惡，則性命之情病矣；君將黜嗜欲，掔好惡，則耳目病矣。我將勞君，君有何勞於我？」武侯超然不對。少焉，徐無鬼曰：「嘗語君，吾相狗也。下之質執飽而止，是狸德也；中之質若視日，上之質若亡其一。吾相狗，又不若吾相馬也。吾相馬，直者中繩，曲者中鉤，方者中矩，圓者中規，是國馬也，而未若天下馬也。天下馬有成材，若卹若失，若喪其一，若是者，超軼絶塵，不知其所。」武侯大悦而笑。徐無鬼出，女商曰：「先生獨何以説吾君乎？吾所以説吾君者，横

説之則以《詩》、《書》、《禮》、《樂》，從説之則以《金板》、《六弢》，奉事而大有功者不可爲數，而吾君未嘗啟齒。

老子曰：道者，萬物之奥也，善人之所寶也。夫善人之所以寶於道，則外所以忘其形，内所以虚其心，黜嗜慾，忘好惡，安於性命之情而所以寶全於道也；不善之人則不然，其於道也，若存而若亡，外所以不能全其形，内所以不能虚其心，充嗜慾，專好惡，決於性命之情，而其於道也豈寶歟？此魏武侯聞徐無鬼之言，而超然不對也。夫武侯之性，中材也，不可卒告以至道，而宜先悦之以所好，此無鬼所以有相狗馬之言也。然無鬼非能相於狗馬也，故寓入道之意於狗馬，以狗之上質則若亡其一，以天下之馬則有成材。所謂若亡其一者，以形全神王而能忘其身也。所謂有成材者，以德宇泰定而不虧其本也。能忘其身，則無爲不虧其本，則無用無爲，無用則所以能入於道也。此無鬼寓意之若是，而武侯不知其意，而從〔二〕悦其言也，故曰「大悦而笑」。

今先生何以説吾君，使吾君説若此乎？」徐無鬼曰：「吾直告之吾相狗馬耳。」女商

〔二〕「從」，四庫本作「徒」。

曰：「若是乎？」曰：「子不聞夫越之流人乎[二]？」去國數日，見其所知而喜；去國旬月，見所嘗見於國中者喜；及期年也，見似人者而喜矣。不亦去人滋久，思人滋深乎？夫逃虛空者，藜藋柱乎鼪鼬之逕，踉位其空，聞人足音跫然而喜矣，而況乎昆弟親戚之謦欬其側者乎。久矣夫，莫以真人之言謦欬吾君之側乎。」徐無鬼見武侯，武侯曰：「先生居山林，食芧栗，厭葱韭，以賓寡人，久矣夫。今老邪？其欲干酒肉之味邪？其寡人亦有社稷之福邪？」徐無鬼曰：「無鬼生於貧賤，未嘗敢飲食君之酒肉，將來勞君也。」君曰：「何哉，奚勞寡人？」曰：「勞君之神與形。」武侯曰：「何謂邪？」徐無鬼曰：「天地之養也一，登高不可以爲長，居下不可以爲短。君獨爲萬乘之主，以苦一國之民，以養耳目鼻口，夫神者不自許也。夫神者，好和而惡姦；夫姦，病也，故勞之。唯君所病之，何也？」武侯曰：「欲見先生久矣。

夫天地之於人，均受之性命，均付之分極，至于所養亦均也，豈有聞[三]於尊卑長幼乎？故曰「天地之養也一」。魏武不知所然而殫天下之物以養形，不足則勞神而營

[二]「乎」，原作「于」，據四庫本改。
[三]「聞」，四庫本作「間」。

之，故神愈勞而不能王，形愈養而不能全，安若外六骸，忘嗜慾，遊心於逍遥之域，則形神豈有不全乎？

吾欲愛民而爲義偃兵，其可乎？」徐無鬼曰：「不可。愛民，害民之始也；爲義偃兵，造兵之本也。君自此爲之，則殆不成。凡成美，惡器也；君雖爲仁義，幾且僞哉。形固造形，成固有伐，變固外戰。君亦必無盛鶴列於麗譙之間，無徒驥於錙壇之宫，無藏逆於得，無以巧勝人，無以謀勝人，無以戰勝人。夫殺人之士民，兼人之土地，以養吾私與吾神者，其戰不知孰善？勝之惡乎在？君若勿已矣，脩胸中之誠，以應天地之情而勿攖。夫民死已脱矣，君將惡乎用夫偃兵哉？」

夫道者，無爲之朴也；兵者，有爲之器也。聖人常無爲，而民自化。所謂兵者，置而不用也。武侯不能無爲，而欲爲義偃兵以愛民，此無鬼所以答之以不可也。夫聖人以百姓爲芻狗而不愛愛之，而其民所以遂生也。若以愛愛之，則愛有不及而民敦〔一〕心矣。如此，則適足害之也，故曰「愛民，害民之始也」。以義爲外迹而不爲爲之，而物之所以順從也。若以可爲而爲之，則處〔二〕有不當，而物必不順矣。如此則適足

〔一〕「敦」，四庫本作「憝」。
〔二〕「處」，四庫本無。

用兵也，故曰「爲義偃兵，造兵之本也」。不能如此而必愛而必爲，則治道安得而全矣？故曰：「君自此爲之，則殆不成。」

黄帝將見大隗乎具茨之山，方明爲御，昌寓驂乘，張若、謵朋前馬，昆閽、滑稽後車；至於襄城之野，七聖皆迷，無所問塗。適遇牧馬童子，問塗焉，曰：「若知具茨之山乎？」曰：「然。」「若知大隗之所存乎？」曰：「然。」黄帝曰：「異哉小童，非徒知具茨之山，又知大隗之所存。請〔二〕問爲天下。」小童曰：「夫爲天下者，亦若此而已矣，又奚事焉？予少而自遊於六合之内，予適有瞀病，有長者教予曰：『若乘日之車而遊於襄城之野。』今予病少痊，予又且復遊於六合之外。夫爲天下亦若此而已。予又奚事焉？」黄帝曰：「夫爲天下者，則誠非吾子之事。雖然，請問爲天下。」小童辭。黄帝又問，小童曰：「夫爲天下者，亦奚以異乎牧馬者哉？亦去其害馬者而已矣。」黄帝再拜稽首，稱天師而退。

知士無思慮之變則不樂，辯士無談説之序則不樂，察士無凌誶之事則不樂，皆囿於物者也。招世之士興〔三〕朝，中民之士榮官，筋力之士矜難，勇敢之士奮患，兵革之士樂戰，枯槁之士宿名，法律之士廣治，禮樂之士敬容，仁義之士貴際。農夫無草萊之事則

〔二〕「請」，原作「謂」，據四庫本、《二十二子》本改。
〔三〕「興」，原作「與」，據四庫本、《二十二子》本改。

不比，商賈無市井之事則不比。庶人有旦暮之業則勸，百工有器械之巧則壯。錢財不積則貪者憂，權勢不尤則夸者悲。勢物之徒樂變，遭時有所用，不能無爲也。此皆順比於歲，不物於易者也。馳其形性，潛之萬物，終身不反，悲夫。莊子曰：「射者非前期而中，謂之善射，天下皆羿也，可乎？」惠子曰：「可。」莊子曰：「天下非有公是也，而各是其所是，天下皆堯也，可乎？」惠子曰：「可。」莊子曰：「然則儒、墨、楊、秉四，與夫子爲五，果孰是邪？或者若魯遽者邪？其弟子曰：『我得夫子之道矣，吾能冬爨鼎而夏造冰矣。』魯遽曰：『是直以陽召陽，以陰召陰，非吾所謂道也。吾示子乎吾道。』於是乎爲之調瑟，廢一於堂，廢一於室，鼓宮宮動，鼓角角動，音律同矣。夫或改調一絃，於五音無當也，鼓之，二十五弦皆動，未始異於聲，而音之君已。且若是者邪？」惠子曰：「今夫儒、墨、楊、秉，且方與我以辯，相拂以辭，相鎮以聲，而未始吾非也，則奚若矣？」莊子曰：「齊人蹢子於宋者，其命閽也不以完，其求鈃鍾也以束縛，其求唐子也而未始出域，有遺類矣。夫楚人寄而蹢閽者，夜半於無人之時而與舟人鬭，未始離於岑而足以造於怨也。」

大隗者，況於大道也。具茨之山者，況於道體。無爲而寂然，豈有爲之聖可求歟？此所以言七聖俱迷也。惟能放心專氣，復歸於嬰兒，則然後心得而知之矣。故曰

「牧馬童子」，又曰「非徒知具茨之山，又知大隗之所存也」。夫知大道之真體，則任於無爲而已矣。此所以答黄帝爲天下，則曰「又奚事」者，則無爲虚静而放心於自得之場，氣馬无〔二〕所適而已。故曰：「爲天下者亦奚以異乎牧馬。」夫氣馬無所適，則外物不能爲累也，故曰：「亦去其害馬者而已矣。」此皆極於自然，而天地萬物所以皆宗師。此黄帝所以稱之爲天師也。

莊子送葬，過惠子之墓，顧謂從者，曰：「郢人堊漫其鼻端若蠅翼，使匠石斲之。匠石運斤成風，聽而斲之，盡堊而鼻不傷，郢人立不失容。宋元君聞之，召匠石曰：『嘗試爲寡人爲之。』匠石曰：『臣則嘗能斲之。雖然，臣之質死久矣。』自夫子之死也，吾無以爲質矣，吾無與言之矣。」管仲有病，桓公問之，曰：「仲父之病病矣，可不謂云。至於大病，則寡人惡乎屬國而可？」管仲曰：「公誰欲與？」公曰：「鮑叔牙。」曰：「不可。其爲人潔廉善士也，其於不己若者不比之，又一聞人之過，終身不忘。使之治國，上且鉤乎君，下且逆乎民。其得罪於君也，將弗久矣。」公曰：「然則孰可？」對曰：「勿已，則隰朋可。其爲人也，上忘而下畔，愧不若皇帝而哀不己若者。以德分人謂之聖，以財分

〔二〕「无」，原作「萬」，據四庫本改。

人謂之賢。以賢臨人，未有得人者也；以賢下人，未有不得人者也。其於國有不聞也，其於家有不見也。勿已，則隰朋可。」吴王浮於江，登乎狙之山〔一〕。衆狙見之，恂然棄而走，逃於深蓁。有一狙焉，委蛇攫抓〔二〕，見巧乎王。王射之，敏給搏捷矢。王命相者趨射之，狙執死。王顧謂其友顏不疑曰：「之狙也，伐其巧，恃其便以敖予，以至此殛也，戒之哉。嗟乎，無以汝色驕人哉。」顏不疑歸而師董梧以助〔三〕其色，去樂辭顯，三年而國人稱之。南伯子綦隱几而坐，仰天而嘘。顏成子入見曰：「夫子，物之尤也。形固可使若槁骸，心固可使若死灰乎？」曰：「吾嘗居山穴之中矣。當是時也，田禾一覩我，而齊國之衆三賀之。我必先之，彼故知之；我必賣之，彼故鬻之。若我而不有之，彼惡得而知之？若我而不賣之，彼惡得而鬻之？嗟乎，我悲人之自喪者，吾又悲夫悲人者，吾又悲夫悲人之悲者，其後而日遠矣。」仲尼之楚，楚王觴之，孫叔敖執爵而立，市南宜僚受酒而祭，曰：「古之人乎，於此言已。」曰：「丘也。聞不言之言矣，未之嘗言，於此乎言之。市南宜僚弄丸而兩家之難解，孫叔敖甘寢秉羽而郢人投兵。丘願有喙三尺。」彼之謂不

〔一〕「山」，原作「上」，據四庫本、《二十二子》本改。
〔二〕「抓」，《二十二子》本作「搔」。
〔三〕「助」，四庫本作「鋤」。

道之道，此之謂不言之辯，故德總乎道之所一，而言休乎知之所不知，至矣。道之所一者，德不能同也；知之所不能知者，辯不能舉也；名若儒墨而凶矣。故海不辭東流，大之至也。

莊子之所言，非得已而言之也，非惠子不能知之，惠子死則孰能知莊子之言矣，此所以引匠石爲況而又曰吾無與言之矣。

聖人并包天地，澤及天下，而不知其誰氏。是故生無爵，死無謚，實不聚，名不立，此之謂大人。狗不以善吠爲良，人不以善言爲賢，而況爲大乎？夫爲大不足以爲大，而況爲德乎？夫大備矣，莫若天地；然奚求焉，而大備矣。知大備者，無求，無失，無棄，不以物易己也。反己而不窮，循古而不摩，大人之誠。子綦有八子，陳諸前，召九方歅曰：「爲我相吾子，孰爲祥？」九方歅曰：「梱也爲祥。」子綦瞿然喜曰：「奚若？」曰：「梱也將與國君同食以終其身。」子綦索然出涕曰：「吾子何爲以至於是極也？」九方歅曰：「夫與國君同食，澤及三族，而況於父母乎？今夫子聞之而泣，是御福也。子則祥矣，父則不祥。」子綦曰：「歅，汝何足以識之，而梱祥邪？盡於酒肉，入於鼻口矣，而何足以知其所自來？吾未嘗爲牧而牂生於奥，未嘗好田而鶉生於宎，若勿怪，何邪？吾所與吾子遊者，遊於天地。吾與之邀樂於天，吾與之邀食於地；吾不與之爲事，不與之爲謀，不與之爲怪；吾與之乘天地之誠而不以物與之相攖；吾與之一委蛇而不與之爲事所宜。今也然有世俗之償焉。凡有怪徵者，必有怪行，殆乎。非我與吾子之罪，幾天與之也，吾以是泣也。」無幾何而使梱之於燕，盜得之於道，全而鬻之則難，不若刖之則易，於是刖而鬻之於齊，適當渠公之街，終〔一〕身食肉而終。齧缺遇許由，曰：「子將奚之？」曰：「將逃堯。」曰：「奚謂邪？」曰：「夫堯，畜畜然仁，吾恐其爲天下笑。後世其人與人相食與。夫民，不難聚也；愛之則親，利之則至，譽之則勸，致其所惡則散。愛利出乎仁義，捐仁義者寡，利仁義者衆。夫仁義之行，唯且無誠，且假夫禽貪者器。是以一人之斷制利天下，譬之猶一覕也。夫堯知賢人之利天下也，而不知其賊天下也，夫唯外乎賢者知之矣。」有暖姝者，有濡需者，有卷婁者。所謂暖姝者，學一先生之言，則暖暖〔二〕姝姝而私自悦也，自以爲足矣，而未知未始有物也，是以謂暖姝者也。濡需者，豖蝨是也，擇疏鬣自以爲廣宮大囿，奎蹄曲隈，乳間股脚，自以爲安室利處，不知屠者之一旦鼓臂〔三〕布草操煙火，而己與豖俱焦也。此以域進，此以域退，此其所謂濡需者也。卷婁者，舜

〔一〕「終」，《二十二子》本作「然」。
〔二〕「暖暖」，原作「援受」，據四庫本、《二十二子》本改。
〔三〕「臂」，原作「譬」，據四庫本、《二十二子》本改。

也。羊肉不慕蟻，蟻慕羊肉，羊肉羶也。舜有羶行，百姓悦之，故三徙成都，至鄧之墟而十有萬家。堯聞舜之賢，舉之童土之地，曰冀得其來之澤。舜舉乎童土之地，年齒長矣，聰明衰矣，而不得休歸，所謂卷婁者也。

大人者，德之所以充實也。德之充實，則處上而不貴，功成而不居，贍足萬物而不知其所用，衣被天下而無得而爲稱，此大人之道若是矣。故曰：「生無爵，死無謚，實不聚，名不立，此之謂大人。」夫爵謚者，度外之物也；名實者，天下之虚器也。大人豈有心於四者乎？此莊子所以有無立之言也。

是以神人惡衆至，衆至則不比，不比則不利也。

神人者，言乎其道也。神人鼓舞萬物而不與聖同，憂萬物所以自歸矣。非由好而致之也，故曰「神人惡衆至〔一〕」。

故無所甚親，無所甚疏，抱德煬和，以順天下，此謂真人。

真人者，言其性也。真人不與萬物相親疏，任於自得而守於純氣，豈有逆於天下歟？故曰「無所甚親，無所甚疏，抱德煬和，以順天下，此謂真人。」然真人不及於

〔一〕「至」，原脱，據四庫本及前引《莊子》原文補。

神人，所以言之於次也。

於蟻棄智，於魚得計，於羊棄意。

於蟻棄智者，不知羶以悦慕也；於魚得計者，退藏深渺以活身也；於羊棄意者，無心使物來慕也。

以目視目，以耳聽耳，以心復心。若然者，其平也〔一〕繩，其變也循。

以目視目者，以明而發不明也；以耳聽耳者，以聰而覺不聽也；以心復心者，以静而鎮不静也，如此則其平所以直，其變所以正也。故曰：「若然者，其平也繩，其變也循。」非真人，孰能與於此。

古之真人，以天待之，不以人入天。古之真人，得之也生，失之也死；得之也死，失之也生。藥也其實，堇也，桔梗也，雞壅也，豕零也，是時爲帝者也，何可勝言。

夫真人者，其性内直而不假於物也。故任於自然而以待物也，不以有爲而亂無爲也。適來所以爲時也，適去所以能順也。來則必知其暫去也，去則必知其暫來也。了然明達，而始終無累矣。故曰：「古之真人，以天待人，不以人入天。古之真人，

〔一〕四庫本「也」下有「水其直也」四字。

得之也生，失之也死；得之也死，失之也生。」

句踐也以甲楯三千，棲於會稽。唯種也能知亡之所以存，唯種也不知其身之所以愁。故曰：鴟目有所適，鶴脛有所節，解之也悲。故曰：風之過河也有損焉，日之過河也有損焉。請只風與日相與守河，而河以爲未始其攖也，恃源而往者也。

至人者，自知而不知人也，自見而不見彼也，故禍福吉凶不能爲之累矣。大夫種者則不然，知人而不自知也，見彼而不自見也，此憂禍足以爲之累。此莊子所以有鴟目鶴脛之言也。

故水之守土也審，影之守人也審，物之守物也審。故目之於明也殆，耳之於聰也殆，心之於殉也殆。凡能其於府也殆，殆之成也不給改。

水生於土，而不離於土也；影生於形，而不離於形也；物出造物，而不離造物也。故曰：「水之守土也審，影〔一〕子之守人也審，物之守物也審。」然而土無意於水，而水所以親也；形無意於影，而影所以生也；造物者無意於物，而物所以成也。三者皆無意於相須也，世俗豈能似之歟？故目則必期於明也，耳則必期於聰也，心則必

〔一〕「影」，原作「形」，據四庫本及前引《莊子》原文改。

期於殉〔一〕也。故必期於明則〔二〕是有意於明也，必期於聽則是有意於聽也，必期所殉則是有意於殉物也。夫有意於聽明所殉，則必致危殆之累也，豈爲相須之道乎？故曰：「目之於明也殆，耳之於聽也殆，心之於殉也殆。」

禍之長也〔三〕兹萃，其反也緣功，其果也待久。而人以爲己寶，不亦悲乎？故有亡國戮民無已，不知問〔四〕是也。故足之於地也踐，雖踐，恃其所不蹍而後善博也；人之〔五〕知也少，雖少，恃其所不知而後知天之所謂也。

古之至人，以多知爲召禍之本也。雖智而未嘗不喪智，故禍之所以不能爲之累也。天下之世俗，不能喪智而矜其智，此禍之所以滋蔓也，故曰「禍之長也兹萃」。然禍之始生也，伏於福以順其功，由大夫種始能成存越之功也，故曰「其反也緣功」。及其爲累，則固非朝夕之立至，由大夫種終不免亡軀之悲也，故曰「其果也待久」。此

〔一〕「殉」，原作「殆」，據四庫本改。
〔二〕「則」，原作「者」，據四庫本改。
〔三〕「也」，原脱，據四庫本、《二十二子》本補。
〔四〕「問」，原作「禍」，據四庫本、《二十二子》本改。
〔五〕《二十二子》本「之」下有「於」字。

由智之所召也，世俗不知，而反以智爲身之至殄〔一〕也，何其蒙蔽之甚歟？此莊子之所以悲也。故曰：「而人以爲己寶，不亦悲乎？」

知大一，知大陰，知大目，知大均，知大方，知大信，知大定，至矣。大一通之，大陰解之，大目視之，大均緣之，大方體之，大信稽之，大定持之。

大一者，大道也；大陰者，妙用也；大目者，至明也；大均者，常性也；大方者，常分也；大信者，不言也；大定者，不動也。大道無物不由，而無所不在也，故曰「通之」。妙用晦藏，而無有不用也，故曰「解之」。至明見其所不見，而不見其所見，故曰「視之」。常性受之各有極，而無不順也，故曰「緣之」。常分得之各有限，而無有不守也，故曰「體之」。不言，則無有所期而必至，故曰「稽之」。不動，無有所易而固執也，故曰「持之」。此七者極道之妙也，非聖人不能與於此。

盡有天，循有照，冥有樞，始有彼。則其解之也似不解之者，其知之也似不知之也，不知而後知之。其問之也，不可以有崖，而不可以無崖。

盡有天者，極於自然之妙而無爲也；循有照者，緣於自明之理而反照也；冥有樞

〔一〕「殄」，四庫本作「珍」。

者，晦於運行之徼而不動也；始有彼者，自泰初之初有之也。則其解之也似不解之者，識之而歸於不識也；其知之也似不知之也者，知之而歸於不知也；其問之也不可以有崖者，虛而善應而無極也；而不可以無崖者，應物而不過其極也。

頡滑有實，古今不代，而不可以虧，則可不謂有大揚搉乎？闔不亦問是已，奚惑然爲？

頡滑有實者，所謂萬物芸芸各歸其根也。古今不代者，無古無今而未嘗更變也。而不可以虧者，不生不化而無不成也。

以不惑解惑，復於不惑，是尚大不惑。

無智則無惑，有智則有惑。道不可問，而問之是惑也；不可應，而應之是以惑解惑也。能無智，則不惑也，故曰「復於不惑」。復於不惑則無問無應而反於自得也，故曰「是尚大不惑」。

南華真經新傳卷之十四

宋王元澤傳

則陽篇

夫不能守正性，冥至極，惑於儻來之物，而求進之不止，此則陽之所以若是矣。此莊子因而作《則陽》篇。

則陽遊於楚，夷節言之於王，王未之見，夷節歸。彭陽見王果曰：「夫子何不譚我於王？」王果曰：「我不若公閱休。」彭陽曰：「公閱休奚爲者邪？」曰：「冬則擉鼈于江，夏則休乎山樊。有過而問者，曰：『此予宅也。』夫夷節已不能，而況我乎？吾又不若夷節。夫夷節之爲人也，無德而有知，不自許，以之神其交，固顛冥乎富貴之地，非相助以德，相助消也。夫凍者假衣於春，暍者反冬乎冷風。夫楚王之爲人也，形尊而嚴，其於罪也，無赦如虎；非夫佞人正德，其孰能撓焉。

夫至人者，安於性命之情而遠於利害之塗，見寵而驚，聞譽而懼，豈有心於富貴利禄乎？則陽不能若是，而枉己以求進，是以王果言公閱休之所爲而抑之也。夫冬則擉鼈于江者，所以順其天養也；夏則休乎山樊者，所以全其天樂也。天養順則可欲不能亂，天樂全則萬物莫能憂，豈以寵貴而累心歟？此公閱休所爲如此矣，所謂入於至人之域也。

故聖人，其窮也使家人忘其貧，其達也使王公忘爵禄而化卑。其於物也，與之爲娱矣；其於人也，樂物之通而保己焉；故或不言而飲人以和，與人並立而使人化。父子之宜，彼其乎歸居，而一閒其所施。其於人心者，若是其遠也。故曰『待公閱休』。」

聖人窮理而盡性，樂天而知命。其窮也，放心於自得之場，而食於不貸之田，能使家人内樂而忘貧也；其達也，處於無敵之貴，而據於利勢之崇，能使王公忘〔二〕己而失高也。與物齊諧而其樂所以全，故曰「其於物也，與之爲娱矣」。與人無間而其真所以存，故曰「其於人也，樂物之通而保己焉」。不言而使人之守純，故曰「或不言而飲人以和」。無我〔三〕而使人之自化，故曰「與人並立而使人化」。叙明分守而不失其所宜，故曰「父子之宜，彼其乎歸居」。間暇其形，而均施其仁惠，故曰「而

〔二〕「忘」，原作「志」，據四庫本及前引《莊子》原文改。
〔三〕「我」，四庫本作「人」。

一間其所施」。此聖人爲心之若是，所以入於寥天也，故曰：「其於人心者，若是其遠也。」惟公閱休能之，故曰「待公閱休」。

聖人達綢繆，周盡一體矣，而不知其然，性也。復命摇作而以天爲師，人則從而命之也。憂乎知而所行恒無幾時，其有止也若之何？生而美者，人與之鑑，不告則不知其美於人也。若知之，若不知之，若聞之，若不聞之，其可喜也終無已；人之好之亦無已，性也。

聖人達綢繆者，所謂玄通微妙也；周盡一體者，該徧萬物而與齊也；而不知其然性者，不以情求合於妙本也。復命者，歸於静也；摇作者，至于動也；以天爲師者，宗於自然也；人則從而命之者，所謂非常之名也。

聖人之愛人也，人與之名，不告則不知其愛人也。若知之，若不知之，若聞之，若不聞之，其愛人也終無已，人之安之亦無已，性也。舊國舊都，望之暢然；雖使丘陵草木之緡，入之者十九，猶之暢然。況見見聞聞者也，以十仞之臺縣衆間者也。冉相氏得其環中以隨成，與物無終無始，無幾無時。日與物化者，一不化者也，闔嘗舍之。夫師天而不得師天，與物皆殉，其以爲事也若之何？

聖人豈有心於愛人歟？能以不愛愛之，而其愛所以該徧也；愛該徧則物所以偁道，其名所以興起也，故曰：「聖人之愛人也，人與之名。」人與之名，則安有聞而不相告諭乎？不相告諭則不知聖人之愛如此也，故曰：「不告則不知其愛人也。」然而聖人整物而不爲仁，澤物而不爲義，其愛未嘗有愛之之迹，而物所以自遂，其愛在於無有有無之間，而莫窮其終矣，故曰：「若知之，若不知之，若聞之若不聞之，其愛人也。終無已。」

夫聖人未始有天，未始有人，未始有始，未始有物，與世偕行而不替，所行之備而不洫，其合之也若之何？湯得其司御，門尹登恒爲之傅之，從師而不囿；得其隨成，爲之司其名；之名嬴法，得其兩見。仲尼之盡慮，爲之傅之。容成氏曰：「除日無歲，無内無外。」

夫聖人不知其自然，故曰「未始有天」；不爲其使然，故曰「未始有人」；不求其始，故曰「未始有始」；能忘於物，故曰「未始有物」；與世推移而未嘗更守，故曰「與世偕行而不替」；所適皆至而未嘗不通，故曰「所行之備而不洫」；不求合於物而物自以來合，故曰「其合之也若何」。此皆非聖不能如此矣。

魏瑩與田侯牟約，田侯牟背之。魏瑩怒，將使人刺之。犀首聞而恥之曰：「君爲萬乘之君也，而以匹夫從讎？衍請受甲二十萬，爲君攻之，虜其人民，係其牛馬，使其君内熱發於背，然後拔其國。忌也出走，然後抶其背，折其脊。」季子聞而恥之，曰：「築十仞之城，城者既十仞矣，則又壞之，此胥靡之所苦也。今兵不起七年矣，此王之基也。衍亂

人，不可聽也。」華子聞而醜之，曰：「善言伐齊者，亂人也；善言勿伐者，亦亂人也；謂伐之與不伐亂人也者，又亂人也。」君曰：「然則若何？」曰：「君求其道而已矣。」惠子聞〔一〕之而見戴晉人。戴晉人曰：「有所謂蝸者，君知之乎？」曰：「然。」「有國於蝸之左角者曰觸氏，有國於蝸之右角者曰蠻氏，時相與爭地而戰，伏尸數萬，逐北，旬有五日而後反。」君曰：「噫。其虛言與？」曰：「臣請爲君實之。君以意在四方上下有窮乎？」君曰：「無窮。」曰：「知遊心於無窮，而反在通達之國，若存若亡乎？」君曰：「然。」曰：「通達之中有魏，於魏中有梁，於梁中有王。王與蠻氏，有辯乎？」君曰：「無辯。」客出而君惝然若有亡也。客出，惠子見。君曰：「客，大人也，聖人不足以當之。」惠子曰：「夫吹管也，猶有嗃也；吹劍首者，吷而已矣。堯、舜，人之所譽也；道堯、舜於戴晉人之前，譬猶一吷也。」孔子之楚，舍於蟻丘之漿。其鄰有夫妻臣妾登極者，子路曰：「是稯稯何爲者邪？」仲尼曰：「是聖人僕也。是自埋於民，自藏於畔。其聲銷，其志無窮，其口雖言，其心未嘗言，方且與世違而心不屑與之俱。是陸沈者也，是其市南宜僚邪？」子路請往召之。孔子曰：「已矣。彼知丘之著於己也，知丘之適楚

〔一〕「聞」，原作「明」，據四庫本、《二十二子》本改。

也，以丘爲必使楚王之召己也，彼且以丘爲佞人也。夫若然者，其於佞人也羞聞其言，而況親見其身乎？而何以爲存？」子路往視之，其室虛矣。

聖人體道以無爲，虛中而應物，故信出於不信，而怒出於不怒，天下不足以爲累，萬事不足以攖心，克伐戰鬭豈行歟？任之自得而已矣。魏瑩不能知於道，有爲於一時，以信信人而人不能交信，此田侯牟所以背約也。夫田侯之背約，由其信出於信也。瑩不自知而復怒，是怒出於怒，而人不震懾也。瑩既如此而犀首復欲請甲以攻之，是以國爲累，而克伐戰鬭得行焉，萬物從而弗〔二〕亂矣，宜乎華子使之求道也。夫能求道，則知於道；知於道，則然後入於道；入於道，則必任於無爲；任於無爲，則天下之大猶喪矣，而況一國之小而豈能累我乎？此惠子所以有蝸角之喻乎。

長梧封人問子牢曰：「君爲政焉勿鹵莽，治民焉勿滅裂。昔予爲禾，耕而鹵莽之，則其實亦鹵莽而報予；芸而滅裂之，其實亦滅裂而報予。予來年變齊，深其耕而熟耰之，其禾繁以滋，予終年厭飧。」莊子聞之曰：「今人之治其形，理其心，多有似封人之所謂，遁其天，離其性，滅其情，亡其神，以衆爲。故鹵莽其性者，欲惡之孽，爲性萑葦蒹葭，始萌以

〔二〕「弗」，四庫本作「拂」。

扶吾形，尋擢吾性，並潰漏發，不擇所出，漂疽疥癰，内熱溲膏是也。」栢矩學於老聃，曰：「請之天下遊。」老聃曰：「已矣，天下猶是也。」又請之，老聃曰：「汝將何始？」曰：「始於齊。」至齊，見辜人焉，推而强之，解朝服而幕〔二〕之，號天而哭之曰：「子乎，子乎，天下有大菑子，獨先離之。曰：『莫爲盜莫爲殺人。』

夫帥而不敢不正者，政賤而不可不因者，民也。政以民爲本，民以政爲基。爲政不可略，而治民不可輕，此長梧封人所以有勿鹵莽滅裂之言也。夫爲政治民，則必有其道也；耕田蒔苗，則亦有其道也。同出於道而所爲小異，此封人所以以耕耘而諭子牢也。豈惟爲政治民同耕耘，至於治形理心則亦同之而已。夫能治其形者，所以全其形也；能理其心者，所以虛其心也。形全則神所以王，心虛則氣所以柔，如此則性命之本固存矣。天下之世俗則不然，逃其自然之質，去其至真之性，決性命之情亡所王之神，役於外物而有爲也，何異鹵莽滅裂歟？此心形之所以不全也，故曰：「遁其天，離其性，滅其情，亡其神，以衆爲。」

榮辱立，然後覩所病；貨財聚，然後覩所爭。今立人之所病，聚人之所爭，窮困人之身使

〔二〕「幕」，原作「慕」，據四庫本、《二十二子》本改。

無休時，欲無至此，得乎？古之君人者，以得爲在民，以失爲在己；以正爲在民，以枉爲在己；故一形有失其形者，退而自責。今則不然。匿爲物而愚不識，大爲難而罪不敢，重爲任而罰不勝，遠其塗而誅不至。民知力竭，則以僞繼之，日出多僞，士民安取不僞。夫力不足則僞，知不足則欺，財不足則盜。盜竊之行，於誰〔二〕責而可乎？」蘧伯玉行年六十而六十化，未嘗不始於是之而卒詘之以非也，未知今之所謂是之非五十九非也。

夫至德之世，上如標枝，下如野鹿，不尚賢，不貴難得之貨。故不尚賢，則愚智不別，而爵位不分；不貴難得之貨，則捐金於山，藏珠於淵，天下不知榮辱貴富也。及至後世，道散而德失，尊尚者莫非賢，而所貴者莫非貨，天下知榮辱貴富而失性，亡命以交爭。此栢矩見齊之刑人而所以哭也，故曰：「榮辱立，然後覩所病；貨財聚，然後覩所爭。」此莊子寓意於栢矩。

萬物有乎生而莫見其根，有乎出而莫見其門。人皆尊其知之所知而莫知恃其知之所不知而後知，可不謂大疑乎？已乎，已乎，且無所逃。此則所謂然與，然乎？」仲尼問於大史大弢、伯常騫、狶韋曰：「夫衛靈公飲酒湛樂，不聽國家之政；田獵畢弋〔三〕，不應諸侯

〔二〕「誰」，原作「難」，據四庫本、《二十二子》本改。

〔三〕「弋」，原作「戈」，據四庫本、《二十二子》本改。

之際；其所以爲靈公者，何邪？」大弢曰：「是因是也。」伯常騫曰：「夫靈公有妻三人，同濫而浴。史鰌奉御而進所，搏幣而扶翼。其慢若彼之甚也，見賢人若此其肅也，是其所以爲靈公也。」狶韋曰：「夫靈公也死，卜葬於故墓，不吉，卜葬於沙丘而吉。掘之數仞，得石槨焉，洗而視之，有銘焉，曰：『不馮其子，靈公奪而埋之。』夫靈公之爲靈也久矣，之二人何足以識之。」

萬〔二〕物出於機，入於機。機者，道之妙本，而衆妙之門，視之不見而已矣。故曰：「萬物有乎生而莫見其根，有乎出而莫見其門。」

少知問於太公調曰：「何謂丘里之言？」太公調曰：「丘里者，合十姓百名而以爲風俗也，合異以爲同，散同以爲異。今指馬之百體而不得馬，而馬係於前者，立其百體而謂之馬也。是故丘山積卑而爲高，江河合水而爲大，大人合并而爲公。是以自外入者，有主而不執；由中〔三〕出者，有正而不距。四時殊氣，天不賜，故歲成；五官殊職，君不私，故國治；文武大人不賜，故德備；萬物殊理，道不私，故無名。無名故無爲，無爲而無不爲。

〔二〕「萬」，原作「方」，據四庫本及前引《莊子》原文改。
〔三〕「由中」，原作「中由」，據四庫本、《二十二子》本改。

夫太公調之論道，所謂自粗而至于精也，故先言同異之合散，山河之積合，大人之合并，内外之出入，四時之殊氣，五官之異職，文武之各異，萬物之殊生，然後至于無爲而無不爲，豈不謂之自粗而至精歟？夫大人并合而爲公者，以其混一風俗而無私也。混一之道，自外而格於人，人知所向而不拘矣，故曰：「自外入者，有主而不執。」所向之道，自内之所知，能守其正而不違矣，故曰：「由中出者，有正而不距。」四時出於自然，而非天所與也，故曰：「四時殊氣，天不賜故歲成。」五官任之以公，而非君可私也，故曰：「五官殊職，君不私，故國治。」文足昭，武足畏，非大人使之若是也，故曰：「文武大人不賜，故德備。」萬物生成而理不同，非由道之所私也，故曰：「萬物殊理，道不私，故無名。」無名者，天地之始也；天地之始則無有，無有豈得有爲乎？故曰「無名故無爲」者，非不爲也，爲而不見其爲也，故曰：「無爲而無不爲」。

時有終始，世有變化。禍福淳淳，至有所拂者，而有所宜；自殉殊面，有所正者有所差。比於大澤，百材皆度；觀乎大山，木石同壇。此之謂丘里之言。」少知曰：「然則謂之道，足乎？」太公調曰：「不然。今計物之數，不止於萬，而期曰萬物者，以數之多者，號而讀之也。是故天地者，形之大者也；陰陽者，氣之大者也；道者爲之公。因其大以號而讀之則可也，已有之矣，乃將得比哉？則若以斯辯，譬猶狗馬，其不及遠矣。」少知曰：「四方之内，六合之裏，萬物之所生惡起？」太公調曰：「陰陽相照，相蓋相治；四時相代，相生相殺。欲惡去就，於是橋起；雌雄片合，於是庸有。安危相易，禍福相生，緩急相摩，聚散以成。此名實之可紀，精之可志也。隨序之相理，橋運之相使，窮則反，終則始。此物之所有，言之所盡，知之所至，極物而已。覩道之人，不隨其所廢，不原其所起，此議之所止。」少知曰：「季真之莫爲，接子之或使，二家之議，孰正於其情，孰偏於其理？」太公調曰：「雞鳴狗吠，是人之所知；雖有大知，不能以言讀其所自化，又〔一〕不能以意其所將爲。斯而析之，精至於無倫，大至於不可圍，或之使，莫之爲，未免於物而終以爲過。或使則實，莫爲則虚。有名有實，是物之居；無名無實，在物之虚。可言可意，言而愈疏。未生不可忌，已死不可徂。死生非遠也，理不可睹。或之使，莫之爲，疑之所假。

天地陰陽，由道而生也，道先天地陰陽，而豈天地陰陽可擬乎？故以天地而比於道，則天地乃形之所大爾；以陰陽而比於道，則陰陽乃氣之所大爾。道出於氣，形之外

〔一〕「又」，原作「人」，據四庫本、《二十二子》本改。

而無私於萬物，其大可以物擬歟？故因其所大而强名爲道也，故曰：「因其大號，而讀之則可也。」

吾觀之本，其往無窮；吾求之末，其來無止。無窮無止，言之無也，與物同理；或使莫爲，言之本也，與物終始。道不可有，有不可無。

道體深妙，動而愈出，故曰：「吾觀之本，其往無窮。」妙用贍足，綿綿若存，故曰：「吾求之末，其來無止。」無窮則未嘗有極，無止則未嘗有息，同萬物生成之理也，故曰：「無窮無止，言之無也，與物同理。」此莊子言道之序也。

道之爲名，所假而行。或使莫爲，在物一曲，夫胡爲於大方？言而足，則終日言而盡道；言而不足，則終日言而盡物。道物之極，言默不足以載；非言非默，議其有〔一〕極。」

視之不見，故曰「道不可有」；生成不測，故曰「有不可無」。道者，萬物之所道，以其可道而名道也，故曰：「道之爲名，所假而行。」道體至妙，言默不足以盡之也，故曰：「道物之極，言默不足以載之。」不言不默而心得之，然後達其妙本也，故曰：「非言非默，議有所極。」

〔一〕「其有」，四庫本作「有所」。

南華真經新傳卷之十五

宋王元澤傳

外物篇

夫大道散而萬事起，萬事起而禍福榮辱之端交來，而不可議其必然矣。此莊子因而作《外物》篇。

外物不可必，故龍逄誅，比干戮，箕子狂，惡來死，桀、紂亡。人主莫不欲其臣之忠，而忠未必信，故伍員流于江，萇弘死于蜀，藏其血三年而化爲碧。人親莫不欲其子之孝，而孝未必愛，故孝己憂〔一〕而曾參悲。木與木相摩則然，金與火相守則流。陰陽錯行，則天地大絯，於是乎有雷有霆，水中有火，乃焚大槐。有甚憂兩陷而無所逃，螴蜳不得成，心若縣於天地之間，慰暋沈屯，利害相摩，生火甚多；衆人焚和，月固不勝火，於是乎有僓然

〔一〕「憂」，原作「愛」，據四庫本、《二十二子》本改。

而道盡。

夫禍福榮辱之來，皆所以各緣其類也。故爲善者必致福，爲惡者必蒙禍，此理勢之必然也。然而龍逢、比干正直也，卒所以見誅戮之禍；伍員、萇弘忠誠也，反所以蒙流死之辱；孝己、曾參奉親也，固難免悲憂之累；惡來、桀、紂暴虐也，復得其壽禄之榮，豈理勢之必然歟？故曰「外物不可必」也。世俗不知外物之不可必，曲求妄想而焚和，此生之所以不全也。惟至人知其不可必，故虚心而忘己，是以禍福不能及，榮辱不能加，哀樂不能入，儻然自得而生之所以全也。

莊周家貧，故往貸粟於監河侯。監河侯曰：「諾。我將得邑金，將貸子三百金，可乎？」莊周忿然作色曰：「周昨來，有中道而呼者。周顧視車轍中，有鮒魚焉。周問之曰：『鮒魚來。子何爲者邪？』對曰：『我，東海之波臣也。君豈有斗升之水而活我哉？』周曰：『諾。且[一]南遊吴越之王，激西江之水而迎子，可乎？』鮒魚忿然作色曰：『吾失我常與，我無所處。吾得斗升之水然活耳，君乃言此，曾不如早索我於枯魚之肆。』」

夫不足者，依於有餘；有餘者，周于不足，此亦理勢之必然也。莊周貧而貸粟於監

〔一〕四庫本「且」上有「我」字，《二十二子》本「我」作「哉」。

河侯，其貸所以必得也。河侯語以歲終得金而方貸，見所貸不爲必得矣。外物因〔一〕可必歟？此莊子所以有鮒魚之喻矣。

任公子爲大鉤巨緇，五十犗以爲餌〔二〕，蹲乎會稽，投竿東海，旦旦而釣，期年不得魚。已而大魚食之，牽巨鉤，陷没而下，騖〔三〕揚而奮鬐，白波若山，海水震蕩，聲侔鬼神，憚赫千里。任公子得若魚，離而腊之，自淛河以東，蒼梧已北，莫不厭若魚者。已而後世輇才諷説之徒，皆驚而相告也。夫揭竿累，趣灌瀆，守鯢鮒，其於得大魚難矣。飾小説以干縣令，其於大達亦遠矣。是以未嘗聞任氏之風俗，其不可與經於世亦遠矣。是以未嘗聞任氏之風俗，其不可與經於世亦遠矣。儒以《詩》、《禮》發冢。大儒臚傳曰：「東方作矣，事之何若？」小儒曰：「未解裙襦，口中有珠。」《詩》固有之曰：『青青之麥，生於陵陂。生不布施，死何含珠爲？』接其鬢，壓其顪，儒以金椎控其頤，徐別其頰，無傷口中珠。」

夫揭竿爲餌，此世俗之所以期得鮒鯢也，而任公子爲之則得大魚。删《詩》立禮，

〔一〕「因」，四庫本作「固」。
〔二〕「餌」，原作「鉺」，據四庫本、《二十二子》本改。
〔三〕「騖」，《二十二子》本作「鶩」。

此先王之所以期化天下也，而儒生行之則以發冢，此亦不可必然也。天下之萬事，其來安可逆度歟？非遠觀者不可與於此。

老萊子之弟子出薪，遇仲尼，反以告，曰：「有人於彼，修上而趨下，末僂而後耳，視若營四海，不知其誰氏之子。」老萊子曰：「是丘也，召而來。」仲尼至。曰：「丘，去汝躬矜與汝容知，斯爲君子矣。」仲尼揖而退，蹙然改容而問曰：「業可得進乎？」老萊子曰：「夫不忍一世之傷而驁萬世之患，抑固窶邪，亡其略弗及邪？惠以歡爲驁，終身之醜，中民之行進焉耳，相引以名，相結以隱。與其譽堯而非桀，不如兩忘而閉其所譽。反無非傷也，動無非邪也。聖人躊躇以興事，以每成功。奈何哉其載焉，終矜爾。」

夫仲尼之行己，可謂能行其己也。以仁聖之至大而不居，以形骸之暫聚而無我，豈有矜飾智巧於内外乎？可謂天之君子矣。老萊子尚語之以去汝躬矜與汝容智而然後爲君子，是仲尼由有矜容而未得爲於君子歟？此老萊之言不必也。然而聖人以仁義足以澤世而整物，故舉明其道於天下，豈期後世姦人竊取而爲患乎？此亦不可必然也。故曰：「夫不忍一世之傷而驁萬世之患。」

宋元君夜半而夢人被髮闚阿門，曰：「予自宰路之淵，予爲清江使河伯之所，漁者余且得予。」元君覺，使人占之，曰：「此神龜也。」君曰：「漁者有余且乎？」左右曰：「有。」

君曰：「令余且會朝。」明日，余且朝。君曰：「漁何得？」對曰：「且之網得白龜焉，其圓五尺。」君曰：「獻若之龜。」龜至，君再欲殺之，再欲活之，心疑，卜之，曰：「殺龜以卜吉。」乃刳龜，七十二鑽而無遺筴。仲尼曰：「神龜能見夢於元君，而不能避余且之網；知能七十二鑽而無遺筴，不能避刳腸之患。如是，則知有所困，神有所不及也。

夫神龜之夢宋元君也，以爲必脱漁者之捕也，豈期元君反刳腸而鑽占歟？故夢之不如不夢矣，是亦不可必而已。龜爲神智，而神智有時不可用之也。故曰：「知有所困，神有所不及也。」

雖有至知，萬人謀之。魚不畏網而畏鵜鶘。去小知而大知明，去善而自善矣。嬰兒生無石師而能言，與能言者處也。」

小知知之也，大知不知也。知之，則知有所不及；不知，則無所不知矣。衆人之知，知之也，其知有所不及矣；聖人之知，不知也，其知無所不知矣。然無所知者，蓋能去於小知也，故曰「去小知而大知明」。夫善者，可欲也。有可欲則善所以明也，無可欲則善所以善也，故曰「去善而自善矣」。

惠子謂莊子曰：「子言無用。」莊子曰：「知無用而始可與言用矣。夫地非不廣且大也，人之所用容足耳。然則厠足而墊之，致黄泉，人尚有用乎？」惠子曰：「無用。」莊子曰：「然則無用之爲用也亦明矣。」莊子曰：「人有能遊，且得不遊乎？人而不能遊，且得遊乎？夫流遁之志，決絕之行，噫，其非至知厚德之任與。覆墜而不反，火馳而不顧，雖相與爲君臣，時也，易世而無以相賤。

夫言期於有用，則其終所以不用也；言期於無用，則其終所以爲用也。有用，用之不神也；無用，用之至妙也。惠子以莊子之言爲無用，是不知無用之用也。故莊子言墊地以諭之，以明無用不可必其無用也。

故曰：至人不留行焉。夫尊古而卑今，學者之流也。且以狶〔一〕韋氏之流觀今之世，夫孰能不波？唯至人乃能遊於世而不僻，順人而不失己。彼教不學，承意不彼。目徹爲明，耳徹爲聰，鼻徹爲顫，口徹爲甘，心徹爲知，知徹爲德。凡道不欲壅，壅則哽，哽而不止則跈，跈則衆害生。物之有知者恃息，其不殷，非天之罪。天之穿之，日夜無降，人則顧塞其竇。胞有重閬，

至人者，其道圓通而與化爲一，其性融明而與世推移，未〔二〕嘗有凝滯之累也，故曰

〔一〕「狶」，原作「稀」，據四庫本、《二十二子》本改。
〔二〕「未」上原有「夫」字，據四庫本删。

「至人不留行焉」。夫至人之不留行者，蓋能趨時應物而不迂也，故曰「乃遊於世[一]而不僻」。與人無迕而能忘失也，故曰「順人而不失己」。正人之性而非由習也，故曰「彼教不學」。承人之意而能忘彼也，故曰「承意不彼」。目無蔽而見其所不見也，故曰「目徹爲明」；耳無塞而聞其所不聞也，故曰「耳徹爲聰」；鼻無壅而嗅其所不嗅也，故曰「鼻徹爲顫」；口無爽而味其所無味也，故曰「口徹爲甘」；心無窒而知其所不知也，故曰「心徹爲知」；知不惑而所以自得也，故曰「知徹爲德」。夫内外交通而無壅蔽之累，此其所以自得也，所以言德於終矣，此至人若是而已矣。

心有天遊。室無空虚，則婦姑勃谿；心無天遊，則六鑿相攘。大林丘山之善於人也，亦神者不勝。德溢乎名，名溢乎暴，謀稽乎誸，知出乎争，柴生乎守，官事果乎衆宜。春雨日時，草木怒生，銚鎒[二]於是乎始修，草木之到植者過半[三]而不知其然。静然可以補病，眥搣可以休老，寧可以止遽。雖然，若是，勞者之務也，非佚者之所未嘗過而問焉。

[一]「世」，原作「留」，據四庫本及前引《莊子》原文改。
[二]「鎒」，原作「辱」，據四庫本、《二十二子》本改。
[三]「半」，原作「乎」，據四庫本、《二十二子》本改。

心者，人之真君也，處於至虚之地而潛於至妙之神，無爲而不可係著矣，故曰「心有天遊」。一有係著，則六根交亂而役物矣，故曰「心無天遊，則六鑿相攘」。

聖人之所以駴天下，神人未嘗過而問焉；賢人所以駴世，聖人未嘗過而問焉；君子所以駴國，賢人未嘗過而問焉；小人所以合時，君子未嘗過而問焉。」演門有親死者，以善毁爵爲官師，其黨人毁而死者半。堯與許由天下，許由逃之；湯與務光，務光怒之，紀他聞之，帥弟子而踆於窾水；諸侯弔之，三年，申徒狄因以踣河。

大而化之之謂聖，聖而不可知之之謂神。且[一]爲臣助上，而可以利人者之謂賢。上可以君於國，下可以子於民者謂君子。惟下達而不可及於君子者，謂小人。神則不與聖同憂，聖則不與賢同道，君子與小人不同德。故聖人起而應於變，則神人固不問之矣；賢人仕而濟於世，聖人亦不問之矣；君子出而方有爲，則賢人亦不問之矣；小人苟合於一時，則君子亦不問之矣。夫駴者，動也，聖賢君子之所爲，所以豫順而也。天下世國焉，有不從歟？能各冥其極而不問也。

筌者所以在魚，得魚而忘筌；蹄者所以在兔，得兔而忘蹄；言者所以在意，得意而忘言。

〔一〕「且」，四庫本作「宜」。

吾安得夫忘言之人而與之言哉？」

知道者不言，言者不知。聖人之道，惟晦默然後心得矣。心得，則足以與言之。此莊子欲得斯人而與言其道也。故曰：「吾安得夫忘言之人而與之言哉？」以此見莊子亦欲無言而言之，非得已也。

南華真經新傳卷之十六

宋王元澤傳

寓言篇

夫天下之世俗，惑於異學而不知聖人之大道，必假言辭而諭之矣。此莊子因而作《寓言》篇。

寓言十九，重言十七，卮言日出，和以天倪。寓言十九，藉外論之。親父不爲其子媒。親父譽之，不若非其父者也；非吾罪也，人之罪也。與己同則應，不與己同則反；同於己爲是之，異於己爲非之。重言十七，所以已言也，是爲耆艾。年先矣，而無經緯本末以期年耆者，是非先也。人而無以先人，無人道也；人而無人道，是之謂陳人。卮言日出，和以天倪，因以曼衍，所以窮年。

孔子曰：「予欲無言。」孟子曰：「予豈好辯哉？」此聖賢本於不言也。然而必言必辯者，出於非得已而已。故莊子之所言亦出不得已，將以祛天下之惑，而反性命之正也。然莊子之爲言不一矣，故有寓言，有重言，有巵言。寓言者，極明大道之真空，以世俗必爲迂怪也，故託爲他人所説以言之，致其十信其九也，故曰「寓言十九」，又曰「藉外論之」。重言者，論述前古之正道，使世俗樂聞不猒也，故推爲耆艾之言以重之，致其十信其七也，故曰「重言十七」，又曰「所以已言也」。巵言者，不爲一定之辭而愈新，如巵器傾仰之不一，以世俗難知妙本也，故和以自然之分矣，故曰「巵言日出，和以天倪」。此三者，周之所以用而爲書也。以三者而訊周之所言，則然後得周所言之意矣。

不言則齊，齊與言不齊，言與齊不齊也，故曰無言。言無言，終身言，未嘗不〔二〕言；終身不言，未嘗不言。有自也而可，有自也而不可；有自也而然，有自也而不然。惡乎然？然於然。惡乎不然？不然於不然。惡乎可？可於可。惡乎不可？不可〔三〕於不可。物固有所然，物因有所可，無物不然，無物不可。非巵言日出，和以天倪，孰得其久？萬物皆種也，以不同形相禪，始卒若環，莫得其倫，是謂天均。天均者，天倪也。

夫物我所以同根也，我不言則萬物與我爲一也，故曰「不言則齊」。既齊而言，則物

〔二〕「不」，四庫本、《二十二子》本均無。

〔三〕「不可」，原脱，據四庫本、《二十二子》本補。

我所以復分也，故曰「齊與言不齊」。不齊而止言，則復齊矣，故曰「無言」。不言而自齊，則物我自然均等也，故曰「是謂天均」。自然均等，則守於自然之分矣，故曰「天均者，天倪也」。此卮言不一如此也。

莊子謂惠子曰：「孔子行年六十而六十化，始時所是，卒而非之，未知今之所謂是之非五十九非也。」惠子曰：「孔子勤志服知也。」莊子曰：「孔子謝之矣，而其未之嘗言。孔子云：『夫受才乎大本，復靈以生。鳴而當律，言而當法。利義陳乎前，而好惡是非直服人之口而已矣。使人乃以心服，而不敢蘁立，定天下之定。』已乎，已乎，吾且不得及彼乎。」

夫聖人入道之妙，與化爲一，時之所變與偕行也，安有凝滯之累歟？此莊子所以言孔子行年六十而六十化也。夫與時偕行，惟變所適者，有向往來今之殊也，故向之所爲者是，則今之所以爲非也。今之所爲者是，則乃向時所以爲非也。蓋才全而能至於命，所以圓通如此也。惠子不知聖人之如此，而以爲聖人勤志服膺而後知，此莊子所以有受才復虛之言也。夫才者，性命之本也；虛者，精神之宅也。聖人能達性命之本，全精神之宅，虛心待物，而物來則鳴，未嘗有言，而言必當理。譬由同律氣入則鳴，氣息則止，使天下心服而自定也。故曰「鳴而當律，言而當法」，又曰

「使人乃以心服，而定天下之所定」，此聖人所化如此矣。

曾子再仕而心再化，曰：「吾及親仕，三釜而心樂；後仕，三千鍾不洎，吾心悲。」弟子問于仲尼曰：「若參者，可謂無所縣其罪乎？」曰：「既已縣矣。夫無所縣者，可以有哀乎？」彼視三釜三千鍾，如觀[一]雀蚊虻相過乎前也。」

君子非有意於仕，然而有時而仕者，以其爲親也。爲親而仕禄，雖薄而及於親，其心所以至樂也。此曾子初仕而雖三釜之薄而及於親，其心所以嘗樂也。仕非爲親而禄，雖厚而不及親，其心所以不樂也。此曾子後仕而雖三千鍾之厚，而不及親，其心所以嘗悲也。夫曾子之心一也，其仕同也，然有悲樂之不同者，係其親之存亡也。故曰「曾子再仕而心再化」。夫曾子以親爲意，而豈以儻來之物累心歟？親亡禄厚則不悦，此仲尼所以有蚊虻過前之喻矣。

顔成子游謂東郭子綦曰：「自吾聞子之言，一年而野，二年而從，三年而通，四年而物，五年而來，六年而鬼入，七年而天成，八年而不知死、不知生，九年而大妙。生有爲，死也。勸公，以其死也，有自也；而生陽也，無自也。而果然乎？惡乎其所適？惡乎其所不

〔一〕「觀」，四庫本作「鸛」。

適？天有歷數，地有人據，吾惡乎求之？莫知其所終，若之何其無命也？莫知其所始，若之何其有命也？有以相應也，若之何其無鬼邪？無以相應也，若之何其有鬼邪？」

夫聖人之道，奥妙真空而不可以卒知，惟在久而方得矣。此顔成子游聞子綦之言，而至乎九年而方妙也。夫一年而野者，挫其鋭而反朴也；二年而從者，同其塵而不迮於俗也；三年而通者，隨時安變而不蔽惑也；四年而物者，與物齊諧而無彼我也；五年而來者，所適皆至而自得也；六年而鬼入者，達乎幽奥而神與冥會也；七年而天成者，任於自然而無所虧也；八年而不知生不知死者，了於不生不死之趣也；九年而大妙者，盡於真空妙有之至也。夫入道而未至于大妙，未足以爲心得也。顔成子游九年而然後至大妙，亦可謂之心得矣。然而與聖人有聞〔一〕者，聖人生而知之矣，安俟積而後得乎？此聖人之所以聖也。

衆罔兩問於影曰：「若向也俯而今也仰，向也括而今也被髮，向也坐而今也起，向也行而今也止，何也？」影曰：「搜搜也，奚稍問也。予有而不知其所以。予，蜩甲也，蛇蜕也，似之而非也。火與日，吾屯也；陰與夜，吾代也。彼吾所以有待邪？而況乎以有待者

〔一〕「聞」，四庫本作「間」。

乎？彼來則我與之來，彼往則我與之往，彼强陽則我與之强陽。强陽者，又何以有問乎？」陽子居南之沛，老聃西遊於秦，邀於郊，至於梁而遇老子。老子中道仰天而歎曰：「始以汝爲可教，今不可也。」陽子居不答。至舍，進盥漱巾櫛，脱屨户外，膝行而前曰：「向者弟子欲請夫子，夫子行不閒，是以不敢。今閒矣，請問其故。」老子曰：「而睢睢盱盱，而誰與居？大白若辱，盛德若不足。」陽子居蹵然變容曰：「敬聞命矣。」其往也，舍者迎將，其家公執席，妻執巾櫛，舍者避席，煬者避竈。其反也，舍者與之争席矣。

夫影者，形之所生也；形者，己之所具也。影雖形之所生，而無待必[一]形；形雖己之所具，而無藉於己。故影之所待者，待於火日；而形之所藉者，藉於樸素。火日明，則影所以聚；樸素全，則形所以忘。此莊子所以有罔兩問影與夫老子教陽子之言也。夫罔兩者，幽陰之物也；陽子者，陽明之人也，處幽陰者不可問其影，居陽明者不可飾其形，故宜兩忘而已矣。兩忘，則所謂能冥其極也。故莊子言於寓言之篇終。

〔一〕「必」，四庫本作「於」。

南華真經新傳卷之十七

宋王元澤傳

讓王篇

夫帝王者，道外之虛稱；天下者，度外之一物。至人達觀而無心於二者矣，此莊子因作《讓王》篇。

堯以天下讓許由，許由不受。又讓於子州支父，子州支父曰：「以我爲天子，猶之可也。雖然，我適有幽憂之病，方且治之，未暇治天下也。」夫天下至重也，而不以害其生，又況他物乎？唯無以天下爲者，可以託天下也。舜讓天下於子州支伯。子州支伯曰：「予適有幽憂之病，方且治之，未暇治天下也。」故天下大器也，而不以易生，此有道者之所以異乎俗者也。舜以天下讓善卷，善卷曰：「余立於宇宙之中，冬日衣皮毛，夏日衣葛絺；春耕種，形足以勞動；秋收斂，身足以休息；日出而作，日入而息，逍遥於天地之間而心意自得。吾何以天下爲哉？悲夫，子之不知余也。」遂不受。於是去而入深山，莫知其處。舜以天下讓其友石户之農，石户之農曰：「捲捲乎后之爲人，葆力之士也。」以舜之德爲未至也，於是夫負妻戴，攜子以入於海，終身不反也。

夫堯舜者，聖人之有爲也。有爲卒至於無爲，無爲之至，則神妙矣。此所以皆讓天下也。故堯讓天下於子州支父，而舜讓天下於子州支伯，而又讓於善卷與石户之農。數子者，至人也，皆能外形骸，忘生死，以身爲患，以寵爲辱，豈以天下累心歟？是以皆辭而不受也。故子州支父則以天下至重，而我適有病而不能治之也；子州支伯則以天下大器，而我亦有病而有不能治之也；善卷則以衣皮衣葛，出作入息足以逍遥於天地之間，而不能治於天下也；石户之農則以舜使我代勞苦，而我亦不能治於天下也。數子者皆飾辭以拒，而豈有意於天下乎？視天下如遺土壤也。是以善卷則入山而不返，石户則游海而不還，所以全逍遥之妙趣。此莊子所以取之也。

大王亶父居邠，狄人攻之；事之以皮帛而不受，事之以犬馬而不受，事之以珠玉而不受，狄人之所求者土地也。大王亶父曰：「與人之兄居而殺其弟，與人之父居而殺其子，吾不忍也。子皆勉居矣，爲吾臣與爲狄人臣奚以異？且吾聞之，不以所用養害所養。」因杖筴而去之。民相連而從之，遂成國於岐山之下。夫太王亶父，可謂能尊生矣。能尊生者，雖貴富不以養傷身，雖貧賤不以利累形。今世之人居高官尊爵者，皆重失之。見利輕亡其身，豈不惑哉？

大王之去邠，所以謹於去就也。夫天之生人也，均與之性同付之命，豈使以外物而傷其性命之情歟？大王能知天之所付與，而不敢攻狄，而決人之性命，是以委國而去之矣。此大王知天之所爲也。知天之所爲者，與天爲一也。與天爲一，則物之所以最，是以邠人相從而歸也。故曰：「民相連而從之，遂成國於岐山之下。」

越人三世弑其君，王子搜患之，逃乎丹穴。而越國無君，求王子搜不得，從之丹穴。王子搜不肯出，越人薰之以艾。乘以玉〔一〕輿。王子搜援綏登車，仰天而呼曰：「君乎，君乎，獨不可以舍我乎？」王子搜非惡爲君也，惡爲君之患也。若王子搜者，可謂不以國傷生矣，此固越人之所欲得爲君也。韓魏相與争侵地。子華子見昭僖侯，昭僖侯有憂色。子華子曰：「今使天下書銘於君之前，書之言曰：『左手攫之則右手廢，右手攫之則左手廢，然而攫之者必有天下。』君能攫之乎？」昭僖侯曰：「寡人不攫也。」子華子曰：「甚善，自是觀之，兩臂重於天下也，身亦重於兩臂。韓之輕於天下亦遠矣，今之所争者，其輕於韓又遠。君固愁身傷生以憂戚不得也。」僖侯曰：「善哉，教寡人者衆矣，

〔一〕「玉」，四庫本、《二十二子》本均作「王」。

未嘗得聞此言也。」子華子可謂知輕重矣。

夫國土者，虚器也，蔽者不知而傷生以争之，此越之所以三世而弑君也。惟達者知之，而無心於君國，此王子搜所以逃於丹穴而全生也。然王子搜雖逃，而越人固立以爲君，所謂迫而後起也。迫而後起，則非得已，此搜所以仰天而呼歎也。若王子搜者，亦可謂之至人矣。

魯君聞顔闔得道之人也，使人以幣先焉。顔闔守陋間，苴布之衣而自飯牛。魯君之使者至，顔闔自對之。使者曰：「此顔闔之家與？」顔闔對曰：「此闔之家也。」使者致幣，顔闔對曰：「恐聽者謬而遺使者罪，不若審之。」使者還，反審之，復來求之，則不得已。故若顔闔者，真惡富貴也。

顔闔者，可謂通達而無疵者也。處貧賤不以爲惡，視富貴不以爲好。當魯君之致幣則嚻然不顧，而誑使者以其謬誤矣，豈以物之儻來而爲悦乎？此莊子之所以取之也。故曰：「若顔闔者，真惡富貴也。」

故曰：「道之真以治身，其緒餘以爲國家，其土苴以治天下。」由此觀之，帝王之功，聖人之餘事也，非所以完身養生也。

道之真以治身者，以身爲入道之本也，身入於道，則推其餘可以爲國家，崇其末可以治天下。故曰：「其緒餘以爲國家，其土苴以治天下。」然爲國家治天下者，必成功，功非爲道之真也。故曰：「帝王之功，聖人之餘事也。」故功者，興事造業之謂也，興事造業，則役形而用神。故曰：「非所以完身養生也。」

今世俗之君子，多危身棄生以殉物，豈不悲哉？凡聖人之動作也，必察其所以之與其所以爲。今且有人於此，以隨侯之珠彈千仞之雀，世必笑之，是何也？則其所用者重而所要者輕也。夫生者，豈特隨侯之重哉？子列子窮，容貌有飢色。客有言之於鄭子陽者，曰：「列御寇，蓋有道之士〔二〕，居君之國而窮，君無乃爲不好士乎？」鄭子陽即令官遺之粟。子列子見使者，再拜而辭。使者去，子列子入，其妻望之而拊心曰：「妾聞爲有道者之妻子，皆得佚樂，今有飢色。君過而遺先生食，先生不受，豈不命邪？」子列子笑謂之曰：「君非自知我也。以人之言而遺我粟；至其罪我也又且以人之言，此吾所以不受也。」其卒，民果作難而殺子陽。楚昭王失國，屠羊説走，而從於昭王。昭王反國，將賞從者，及屠羊説。屠羊説曰：「大王失國，説失屠羊；大王反國，説亦反屠羊。臣之爵禄已復矣，又何賞之有？」王曰：「强之。」屠羊説曰：「大王失國，非臣之罪，故不敢伏其

〔二〕《二十二子》本「士」下有「也」字。

誅；大王反國，非臣之功，故不敢當其賞。」王曰：「見之。」屠羊説曰：「楚國之法，必有重賞大功而後得見，今臣之知不足以存國而勇不足以死寇。吳軍入郢，説〔二〕畏難而避寇，非故隨大王也。今大王欲廢法毁約而見説，此非臣之所以聞天下也。」王謂司馬子綦曰：「屠羊説居處卑賤而陳義甚高，子綦爲我延之以三旌之位。」屠羊説曰：「夫三旌之位，吾知其貴於屠羊之肆也；萬鍾之禄，吾知其富於屠羊之利也；然豈可以貪爵禄而使吾〔三〕君有妄施之名乎？説不敢當，願復反吾屠羊之肆。」遂不受也。

夫生者，性命之本也；物者，養生之具也。生爲重，物爲輕。達者全其所重而忘所輕，其生所以生生也；世俗忘其所重而殉所輕，其生所以不存也。此莊子所以有隨珠彈雀之喻矣。

原憲居魯，環堵之室，茨以生草；蓬户不完，桑以爲樞；而甕牖二室，褐以爲塞；上漏下濕，匡坐而弦。子貢乘大馬，中紺而表素，軒車不容巷，往見原憲。原憲華冠縰履，杖藜而應門。子貢曰：「嘻，先生何病？」原憲應之曰：「憲聞之，無財謂之貧，學而不能行謂之病。今憲，貧也，非病也。」子貢逡巡而有愧色。原憲笑曰：「夫希世而行，比周而

〔二〕「説」，原作「越」，據四庫本、《二十二子》本改。
〔三〕「吾」，原作「者」，據四庫本、《二十二子》本改。

友，學以爲人，教以爲己，仁義之慝，輿馬之飾，憲不忍爲也。」曾子居衛，緼袍無表，顔色腫噲，手足胼胝。三日不舉火，十年不製衣，正冠而纓絶，捉衿而肘見，納履而踵決。曳縱而歌《商頌》，聲滿天地，若出金石。天子不得臣，諸侯不得友。故養志者忘形，養形者忘利，致道者忘心矣。

夫富與貴，是人之所好也；貧與賤，是人之所惡也。所好所惡皆生於有心，惟能無心則好惡所以忘。好惡忘，則處富貴不知其富貴，居貧賤不知其貧賤，汎然自得於胸中，所以逍遥於天地之間也。若原憲、曾子者，可謂無心矣。憲居環堵之室，蓬户而甕牖；曾子顔色腫噲，而衣冠皆決壞。二人未嘗惡貧而忘道，故或弦而歌，而忘形自得矣。豈務殉物而傷生歟？此所以異於世俗矣。故曰：「致道者忘心。」

孔子謂顔回曰：「回，來，家貧居卑，胡不仕乎？」顔回對曰：「不願仕。回有郭外之田五十畝，足以給飦粥；郭内之田十畝，足以爲絲麻；鼓琴足以自娱，所學夫子道者足〔一〕以自樂也，回不願仕。」孔子愀然變容曰：「善哉，回之意。丘聞之：『知足者不以利自累也，審自得者失之而不懼，行修於内者無位而不怍。』丘誦之久矣，今於回而後見之，

〔一〕「足」，原作「是」，據四庫本、《二十二子》本改。

是丘之得也。」中山公子牟謂瞻子曰：「身在江海之上，心居乎魏闕之下，奈何？」瞻子曰：「重生。重生則利輕。」中山公子牟曰：「雖知之，未能〔二〕勝也。」瞻子曰：「不能自勝則從，神無惡乎？不能自勝而强不從者，此之謂重傷。重傷〔三〕之人，無壽類矣。」魏牟，萬乘之公子也，其隱巖穴也，難爲於布衣之士；雖未至乎道，可謂有其意矣。

夫外冥其極者，内所以自足。自足，則所以不憂矣。顔回者，可謂能冥其極也。有六十畝之田不願仕，所以鼓琴而自娱也。夫不仕者，自足也，自娱者，不憂也。不憂所以爲至樂，至樂全則自得而已矣。是以孔子稱之，而以爲是丘之得也。是丘之得者，聖人之所以深得也。

孔子窮於陳、蔡之間，七日不火食，藜羹不糁，顔色甚憊，而弦歌於室。顔回擇菜，子路、子貢相與言曰：「夫子再逐於魯，削迹於衛，伐樹於宋，窮於商、周，圍於陳、蔡，殺夫子者無罪，藉夫子者無禁。弦歌鼓琴，未嘗絶音，君子之無恥也若此乎？」顔回無以應，入告孔子。孔子推琴喟然而歎曰：「由與賜，細人也。召而來，吾語之。」子路、子貢入。子路曰：「如此者可謂窮矣。」孔子曰：「是何言也？君子通於道之謂通，窮於道之謂窮。

〔二〕四庫本「能」下有「自」字。
〔三〕「重傷」，《二十二子》本不重。

今丘抱仁義之道以遭亂世之患，其何窮之爲？故内省而不窮於道，臨難而不失其德，天寒既至，霜雪既降，吾是以知松栢之茂也。陳、蔡之隘，於丘其幸乎？」孔子削然反琴而弦歌，子路扢然執干而舞。子貢曰：「吾不知天之高也，地之下也。」古之得道者，窮亦樂，通亦樂。所樂非窮通也，道德於此，則窮通爲寒暑風雨之序矣。故許由娛於潁陽，而共伯得乎丘首。舜以天下讓其友北人無擇，北人無擇曰：「異哉，后之爲人也，居於畎畝之中而遊堯之門。不若是而已，又欲以其辱行漫我。吾羞見之。」因自投清泠之淵。

聖人能全其天樂也。天樂全，則萬物不足以憂之，此孔子窮於陳、蔡而弦歌不息也。子路、子貢者，不知聖人樂天知命而不憂，以爲君子之無恥，此孔子不得不語之以窮通之理也。夫窮者，非窮於道也；通者，非達於時也。以不能知道則謂之窮，能通於道則謂之通。聖人於道不窮，而曲通所不遇者時而已，豈若細人而自窮於道乎？此聖人自得如此，而不改其樂也。樂不改，則利害榮辱不能汨于中，任其所變而已矣。此子貢遽悟，而所以有古之得道者，窮亦樂，通亦樂之言。又曰：「道德於此，則窮通爲寒暑風雨之序矣。」

湯將伐桀，因卞隨而謀，卞隨曰：「非吾事也。」湯曰：「孰可？」曰：「吾不知也。」湯又因瞀〔二〕光而謀，瞀光曰：「非吾事也。」湯曰：「孰可？」曰：「吾不知也。」湯曰：「伊尹何如？」曰：「强力忍垢，吾不知其他也。」湯遂與伊尹謀伐桀，剋之，以讓卞隨。卞隨辭曰：「后之伐桀也謀乎我，必以我爲賊也；勝桀而讓我，必以我爲貪也。吾生乎亂世，而無道之人再來漫我以其辱行，吾不忍數聞也。」乃自投椆水而死。湯又讓瞀光曰：「知者謀之，武者遂之，仁者居之，古之道也。吾子胡不立乎？」瞀光辭曰：「廢上，非義也；殺民，非仁也；人犯其難，我享其利，非廉也。吾聞之曰：『非其義者，不受其禄，無道之世，不踐其土。』況尊我乎？吾不忍久見也。」乃負石而自沈於廬水。昔周之興，有士二人處於孤竹，曰伯夷、叔齊。二人相謂曰：「吾聞西方有人，似有道者，試往觀焉。」至於岐陽，武王聞之，使叔旦往見之，與之盟曰：「加富二等，就官一列。」血牲而埋之。二人相視而笑，曰：「嘻，異哉，此非吾所謂道也。昔者神農之有天下也，時祀盡敬而不祈喜；其於人也，忠信盡治而無求焉。樂與政爲政，樂與治爲治，不以人之壞自成也，不以人之卑自高也，不以遭時自利也。今周見殷之亂而遽爲政，上謀而下行貨，阻兵而保威，割牲而盟以爲信，揚行以説衆，殺伐以要利，是推亂以易暴也。吾聞古之士，遭治世不避其任，遇亂世不爲苟存。今天下闇，周德衰，其並乎周以塗吾身也，不如避之

〔二〕「瞀」，《二十二子》本作「務」。

以潔吾行。」二子北至於首陽之山，遂餓而死焉。若伯夷、叔齊者，其於富貴也，苟可得已，則必不賴。高節戾行，獨樂其志，不事於世，此二士之節也。

夫湯放桀，武王伐紂，所以應天而順人也。應天者，可謂知於天；順人者，可謂知於人。能知天人之所爲，則此湯、武之所以聖也。故瞀光、卞隨、伯夷、叔齊者，不知湯、武之所爲而共非之，又不忍聞其事而自投於洪流，餓死於首陽，可謂不該不偏之士也。夫賊仁者，謂之賊；賊義者，謂之殘。仁義者，道德之著，而殘賊之，則大道所以愈廢也。大道廢則天下性命之情不正矣，此湯、武所以必伐，而反性命之正也。數子者，不達於妙理，而徒蔽於分寸，豈得謂之該徧之士矣。夫莊子之作此篇，所以叙至人之所爲，而明無心之妙道，其爲言各有其序矣。夫中天下而帝者，人之所樂也，故首言堯、舜不以天下爲意而相讓君一國，亦人之所樂也。次言大王、子搜不以邠、越累心而逃去。貧賤者，人之所惡也，故言顔闔、列子、原憲、曾子、顔回不以貧賤爲意而務去。及其終則言孔子之窮於陳、蔡，湯、武之除於桀、紂，所以明無心之道也。夫孔子之在陳、蔡，豈有心於憂患乎？故弦歌不絶而自適也。湯、武之除桀、紂，豈有心於得天下乎？故去其殘賊而反正也。莊子能知古人之意，而言之所以覺天下之蔽俗也。

南華真經新傳卷之十八

宋王元澤傳

盜跖篇

夫達生之暫聚，不役富貴利禄而自適其天性，此盜跖如此而已〔一〕矣。莊子因而作《盜跖》篇。

孔子與柳下季爲友，柳下季之弟，名曰盜跖。盜跖從卒九千人，横行天下，侵暴諸侯，穴室樞户，驅人牛馬，取人婦女，貪得忘親，不顧父母兄弟，不祭先祖。所過之邑，大國守城，小國入保，萬民苦之。孔子謂柳下季曰：「夫爲人父者，必能詔其子；爲人兄者，必能教其弟。若父不能詔其子，兄不能教其弟，則無貴父子兄弟之親矣。今先生，世之才士也，弟爲盜跖，爲天下害，而弗能教也，丘竊爲先生羞之。丘請爲先生往説之。」柳下

〔一〕「如此而已」，四庫本作「之所以如此」。

季曰：「先生言爲人父者必能詔其子，爲人兄者必能教其弟，若子不聽父之詔，弟不受兄之教，雖今先生之辯，將奈之何哉？且跖之爲人也，心如涌泉，意如飄風，强足以拒〔一〕敵，辯足以飾非，順其心則喜，逆其心則怒，易辱人以言。先生必無往。」孔子不聽，顏回爲馭，子貢爲右，往見盜跖。盜跖乃方休卒徒大山之陽，膾人肝而餔之。孔子下車而前，見謁者曰：「魯人孔丘，聞將軍高義，敬再拜謁者。」謁者入通，盜跖聞之大怒，目如明星，髮上指冠，曰：「此夫魯國之巧僞人孔丘非邪？爲我告之：『爾作言造語，妄稱文、武，冠枝木之冠，帶死牛之脅，多辭繆説，不耕而食，不織而衣，摇唇鼓舌，擅生是非，以迷天下之主，使天下學士不反其本，妄作孝弟而儌倖於封侯富貴者也。子之罪大極重，疾走歸。不然，我將以子肝益晝餔之膳。』」孔子復通曰：「丘得幸於季，願望履幕下。」謁者復通，盜跖曰：「使來前。」孔子趨而進，避席反走，再拜盜跖。盜跖大怒，兩展其足，案劍瞋目，聲如乳虎，曰：「丘，來前。若所言，順吾意則生，逆吾心則死。」孔子曰：「丘聞之，凡天下有三德：生而長大，美好無雙，少長貴賤見而皆説之，此上德也；知維天地，能辯諸物，此中德也；勇悍果敢，聚衆率兵，此下德也。凡人有此一德者，足以南面稱孤

〔一〕「拒」，《二十二子》本作「距」。

矣。今將軍兼此三者，身長八尺二寸，面目有光，脣如激丹，齒如齊貝，音中黄鐘，而名曰盜跖，丘竊爲將軍恥不取焉。將軍有意聽臣，臣請南使吴、越，北使齊、魯，東使宋、衛，西使晋、楚，使爲將軍造大城數百里，立數十萬户之邑，尊將軍爲諸侯，與天下更始，罷兵休卒，收養昆弟，共祭先祖。此聖人才士之行，而天下之願也。」盜跖大怒曰：「丘，來前。夫可規以利而可諫以言者，皆愚陋恒民之謂耳。今長大美好，人見而説之者，此吾父母之遺德也。丘雖不吾譽，吾獨不自知邪？且吾聞之，好面譽人者，亦好背而毁之。今丘告我以大城衆民，是欲規我以利而恒民畜我也，安可長久也。城之大者，莫大乎天下矣。堯、舜有天下，子孫無置錐之地；湯、武立爲天子，而後世絶滅；非以其利大故邪？且吾聞之，古者禽獸多而人民少，於是民皆巢居以避之，晝拾橡栗，暮栖木上，故命之曰有巢氏之民。古者民不知衣服，夏多積薪，冬則煬之，故命之曰知生之民。神農之世，卧則居居，起則于于，民知其母，不知其父，與麋鹿共處，耕而食，織而衣，無有相害之心，此至德之隆也。然而黄帝不能致德，與蚩尤戰於涿鹿之野，流血百里。堯、舜作，立群臣，湯放其主，武王殺紂。自是之後，以强陵弱，以衆暴寡。湯、武以來，皆亂人之徒也。今子修文、武之道，掌天下之辯，以教後世，縫衣淺帶，矯言僞行，以迷惑天下之主，而欲求富貴焉，盜莫大於子。天下何故不謂子爲盜丘，而乃謂我爲盜跖？子以甘辭説子路而使從之，使子路去其危冠，解其長劍，而受教於子，天下皆曰孔丘能止暴禁非。其卒之也，子路欲殺衛君而事不成，菹[二]於衛東門之上，是子教之不至也。子自謂才士聖人邪？則再逐於魯，削跡於衛，窮於齊，圍於陳、蔡，不容身於天下。子教子路菹此患，上無以爲身，下無以爲人，子之道豈足貴邪？世之所高，莫若黄帝，黄帝尚不能全德，而戰涿鹿之野，流血百里。堯不慈，舜不孝，禹偏枯，湯放其主，武王伐紂，文王拘羑里。此六子者，世之所高也，孰論之，皆以利惑其真而强反其情性，其行乃甚可羞也。世之所謂賢士，伯夷、叔齊辭孤竹之君而餓死於首陽之山，骨肉不葬。鮑焦飾行非世，抱木而死。申徒狄諫而不聽，負石自投於河，爲魚鼈所食。介子推至忠也，自剖其股以食文公，文公後背之，子推怒而去，抱木而燔死。尾生與女子期於梁下，女子不來，水至不去，抱梁柱而死。此四者，無異於磔犬流豕操瓢而乞者，皆離名輕死，不念本養壽命者也。世之所謂忠臣者，莫[三]若王子比干、伍子胥。子胥沈江，比干剖心，此二子者，世謂忠臣也，然卒爲天下笑。自上觀之，至於子胥、比干，皆不足貴也。丘之所以説我者，若告我以鬼事，則我不能知也；若告我以人事者，不過此矣，皆吾所聞知也。今吾告子以人之情，目欲視色，耳欲聽

[二]《二十二子》本「菹」上有「身」字。
[三]「莫」，原作「草」，據四庫本、《二十二子》本改。

聲，口欲察味，志氣欲盈。人上壽百歲，中壽八十，下壽六十，除病瘦死喪憂患，其中開口而笑者，一月之中不過四五日而已矣。天與地無窮，人死者有時，操有時之具而託於無窮之間，忽然無異騏驥之馳過隙也。不能説其志意，養其壽命者，皆非通道者也。丘之所言，皆吾之所棄也，亟去走歸，無復言之。子之道，狂狂汲汲，詐巧虚僞事也，非可以全真也，奚足論哉？」孔子再拜趨走，出門上車，執轡三失，目芒然無見，色若死灰，據軾低頭，不能出氣。歸到魯東門外，適遇柳下季。柳下季曰：「今者闕然數日不見，車馬有行色，得微往見跖邪？」孔子仰天而歎曰：「然。」柳下季曰：「跖得無逆汝意若前乎？」孔子曰：「然。丘所謂無病而自灸也，疾走料虎頭，編虎須，幾不免虎口哉。」

夫大城衆邑，崇位厚禄，皆物之所以儻來也。物之儻來，則累於形；累於形，則傷於生。豈以有涯之生而役於儻來之物乎？如此，則性命之正不存矣。況人生於天地之間，其壽難及於百年，而百年之中，疾病憂患則過半矣。其所以安閑而自適者，幾稀豈務役物而傷生乎？此跖之所以不樂爲諸侯，而所以自適其性也。故曰：「天與地無窮，人死者有時，操有時之具而託於無窮之間，忽然無異騏驥之馳過隙也。」

此莊子託跖而爲言，其篇屬於寓言矣。

子張問於滿苟得曰：「盍不爲行？無行則不信，不信則不任，不任則不利。故觀之名，計之利，而義真是也。若棄名利，反之於心，則夫士之爲行，不可一日不爲乎？」滿苟得曰：「無恥者富，多信者顯。夫名利之大者，幾在無恥而信。故觀之名，計之利，而信真是也。若棄名利，反之於心，則夫士之爲行，抱其天乎？」子張曰：「昔者桀、紂貴爲天子，富有天下，今謂臧聚曰：汝行如桀紂，則有怍色，有不服之心者，小人所賤也。仲尼、墨翟，窮爲匹夫，今爲宰相曰：子行如仲尼、墨翟，則變容易色稱不足者，士誠貴也。故勢爲天子，未必貴也；窮爲匹夫，未必賤也；貴賤之分，在行之美惡。」滿苟得曰：「小盜者拘，大盜者爲諸侯，諸侯之門，義士存焉。昔者桓公小白殺兄入嫂，而管仲爲臣；田成子常殺君竊國，而孔子受幣。論則賤之，行則下之，則是言行之情悖戰於胸中也，不亦拂乎？故《書》曰：『孰惡孰美，成者爲首，不成者爲尾。』」子張曰：「子不爲行，即將疏戚無倫，貴賤無義，長幼無序。五紀六位，將何以爲別乎？」滿苟得曰：「堯殺長子，舜流母弟，疏戚有倫乎？湯放桀，武王殺紂，貴賤有義乎？王季爲適，周公殺兄，長幼有序乎？儒者僞辭，墨者兼愛，五紀六位，將有別乎？且子正爲名，我正爲利。名利之實，不順於理，不監於道。吾日與子訟於無約曰：『小人殉財，君子殉名。其所以變其情，易其性，則異矣；乃至於棄其所爲而殉其所不爲，則一也。』故曰：無爲小人，反殉而天；無爲君子，從天之理。若枉若直，相爲天極；面觀四方，與時消息。若是若非，執而圓機；獨成而意，與道徘徊。無轉而行，無成而義，將失而所爲。無赴而富，無殉而成，將棄而天。比干剖心，子胥抉眼，忠之禍也；直躬證父，尾生溺死，信之患也；鮑子立乾，勝〔二〕子不自理廉之害也；孔子不見母，匡子不見父，義之失也。此上世之所傳，下世之所語，以爲士者正其言，必其行，故服其殃，離其患也。」無足問於知和曰：「人卒未有不興名就利者。彼富則人歸之，歸則下之，下則貴之。夫見下貴者，所以長生安體樂意之道也。今子獨無意焉，知不足邪？意知而力不能行邪？故推正不忘邪？」知和曰：「今夫此人以爲與己同時而生，同鄉而處者，以爲夫絶俗過世之士焉；是專無主正，所以覽古今之時，是非之分也，與俗化世。去至重，棄至尊，以爲其所爲也；此其所以論長生安體樂意之道，不亦遠乎？慘怛之疾，恬愉之安，不監於體；怵惕之恐，欣歡之喜，不監於心。知爲爲而不知所以爲，是以貴爲天子，富有天下，而不免於患也。」無足曰：「夫富之於人，無所不利，窮美究勢，至人之所不得逮，賢〔三〕人之所不能及，俠人之勇力而以爲威强，秉人之知謀以爲明察，因人之德以爲賢良，非享國而嚴若君父。且夫聲色滋味權勢之於人，心不待學而樂之，體不待象而安之。夫欲惡避就，固不待師，此人之性也。天

〔二〕「勝」，四庫本作「申」。

〔三〕「賢」，《二十二子》本、四庫本均作「聖」。

下雖非我，孰能辭之？」知和曰：「知者之爲，故動以百姓，不違其度，是以足而不爭，無以爲故不求。不足故求之，爭四處而不自以爲貪；有餘故辭之，棄天下而不自以爲廉。廉貪之實，非以迫外也，反監之度。勢爲天子，而不以貴驕人；富有天下，而不以財戲人。計其患，慮其反，以爲害於性，故辭而不受也，非以要名譽也。堯、舜爲帝而雍，非仁天下也，不以美害生也；善卷、許由得帝而不受，非以虚辭讓也，不以事害己也。此皆就其利，辭其害，而天下稱賢焉，則可以有之，彼非以興名譽也。」無足曰：「必持其名，苦體、絶甘、約養以持生，則亦久病長阨而不死者也。」知和曰：「平爲福，有餘爲害者，物〔二〕莫不然，而財其甚者也。今富人，耳營鐘鼓筦籥之聲，口嗛於芻豢醪醴之味，以感其意，遺忘其業，可謂亂矣；侅溺於馮氣，若負重行而上也，可謂苦矣；貪財而取慰，貪權而取竭，静居則溺，體澤則馮，可謂疾矣；爲欲富就利，故滿若堵耳而不知避，且馮而不舍，可謂辱矣；財積而無用，服膺而不舍，滿心戚醮，求益而不止，可謂憂矣；内則疑劫請之賊，外則畏寇盗之害，内周樓疏，外不敢獨行，可謂畏矣。此六者，天下之至害也，皆遺忘而不知察；及其患至，求盡性竭財，單以反一日之無故而不可得也。故觀之名則

〔二〕「物」，原本漫漶，諸本均作「物」，據補。

不見，求之利則不得，繚意絶體而爭此，不亦惑乎？」

滿苟得者，以苟得外物而充滿其欲也；無足者，以役於外物而未嘗自足也，此莊子製二子之名而寓意。夫子張，賢人也，以仁義之道足以治身，足以立名，豈必苟求外物而傷生？此子張所以挫苟得之鋭也。然苟得者，惑於所得而易性，非顧仁義之道不立歟？此所以終不從子張之言也。知和者，製名也，以中和之道足以治心，足以行己，豈必役於貨財權勢而傷生？此知和所以窒無足之欲也。然無足者，惑於不足而動心，非顧中和之道不存歟？此所以終不信知和之言也。此莊子託二子之惑，而以譏世俗之失性也。故終於不亦惑乎之言也，亦所以爲寓言。

説劍篇

夫天下國家者，聖人之利器，而其用必在於善藏，而其權不可示人矣。此莊子因而作《説劍》篇。

昔趙文王喜劍，劍士夾門而客三千餘人，日夜相擊於前，死傷者歲百餘人，好之不厭。如是三年，國衰，諸侯謀之。太子悝患之，募左右曰：「孰能説王之意止劍士者，賜之千金。」左右曰：「莊子當能。」太子乃使人以千金奉莊子。莊子弗受，與使者俱，往見太子曰：「太子何以教周，賜周千金？」太子曰：「聞夫子明聖，謹奉千金以幣從者。夫子弗受，悝尚何敢言？」莊子曰：「聞太子所欲用周者，欲絶王之喜好也。使臣上説大王而逆王意，下不當太子，則身刑而死，周尚安所事金乎？使臣上説大王，下當太子，趙國何求而不得也？」太子曰：「然。吾王所見，唯劍士也。」莊子曰：「諾。周善爲劍。」太子曰：「然吾王所見劍士，皆蓬頭突鬢垂冠，曼胡之纓，短後之衣，瞋目而語難，王乃説之。今夫子必儒服而見王，事必大逆。」莊子曰：「請治劍服。」治劍服三日，乃見太子。太子乃與見王，王脱白刃待之。莊子入殿門不趨，見王不拜。王曰：「子欲何以教寡人，使太子先？」曰：「臣聞大王喜劍，故以劍見王。」王曰：「子之劍何能禁制？」曰：「臣之劍，十步一人，千里不留行。」王大説之，曰：「天下無敵矣。」莊子曰：「夫爲劍者，示之以虛，開之以利，後之以發，先之以至。願得試之。」王曰：「夫子休就舍待命，令設戲請夫子。」王乃校劍士七日，死傷者六十餘人，得五六人，使奉劍於殿下，乃召莊子。王曰：「今日試使士敦劍。」莊子曰：「望之久矣。」王曰：「夫子所御杖，長短何如？」曰：「臣之所奉皆可。然臣有三劍，唯王所用，請先言而後試。」王曰：「願聞三劍。」曰：「有天子劍，有諸侯劍，有庶人劍。」王曰：「天子之劍何如？〔一〕

夫退處幽密而操至權以獨運，斡萬化於不測，力旋天地而世莫覩其健，威服海內而人不名以武者，此聖人之所以能用利器也，豈暴露神靈而使衆得而議之哉？是以莊子説劍，而言示之以虛，開之以利，後之以發，先之以至也。夫示之以虛者，所謂退處幽密也；開之以利者，所謂斡於萬化也；後之以發者，所謂力旋天地也；先之以至者，所謂威服海內也。故處幽密則百姓日用而不知，斡萬化則萬物贍足而衣被，旋天地則與造化冥運而生成，服海內則以神道設教而無方，此周寓爲天下國家之道於説劍，而趙文不悟其言也。復使莊子就舍待命而試爲劍，何其蒙蔽之過乎？

曰〔二〕：「天子之劍，以燕谿、石城爲鋒，齊、岱爲鍔，晉、魏爲脊，周、宋爲鐔，韓、魏爲夾〔三〕，包以四夷，裹以四時，繞以渤海，帶以常山；制以五行，論以刑德；開以陰陽，持以春夏，行以秋冬。此劍，直之無前，舉之無上，案之無下，運之無旁，上決浮雲，下絕地紀。此劍

〔一〕「王曰夫子就舍待命」至「王曰天子之劍何如」原脱，據四庫本、《二十二子》本補。
〔二〕「曰」，原脱，據四庫本、《二十二子》本補。
〔三〕「夾」，四庫本作「鋏」，下文同。

一用，匡諸侯，天下服矣。此天子之劍也。」文王芒然自失，曰：「諸侯之劍何如？」曰：「諸侯之劍，以知勇士爲鋒，以清廉士爲鍔，以賢良士爲脊，以忠勝〔二〕士爲鐔，以豪桀士爲夾。此劍，直之亦無前，舉之亦無上，案之亦無下，運之亦無旁；上法圓天以順三光，下法方地以順四時，中知民意以安四鄉。此劍一用，如雷霆之震也，四封之内，無不賓服而聽從君命者矣。此諸侯之劍也。」王曰：「庶人之劍何如？」曰：「庶人之劍，蓬頭突鬢垂冠，曼胡之纓，短後之衣，瞋目而語難。相擊於前，上斬頸領，下決肝肺。此庶人之劍，無異於鬭雞，一旦命已絶矣，無所用於國事。今大王有天子之位而好庶人之劍，臣竊爲大王薄之。」王乃牽而上殿。宰人上食，王三環之。莊子曰：「大王安坐定氣，劍事已畢奏矣。」於是文王不出宫三月，劍士皆服斃其處也。

天子之劍者，所謂天下之利器也；諸侯之劍者，所謂國家之利器也；庶人之劍者，所謂有爲之器也。天下之利器不可以强爲，爲者所以敗之矣。惟能無爲而藏用，則天下所以自化也，故曰「天下服」。國家之利器不可以妄執，執者所以失之矣，亦能無爲而藏用，則四境所以自治也，故「四封之内，無不賓服」。有爲之器，不可以妄

〔二〕「勝」，四庫本作「直」。

動，動者所以悔生矣。不能戢戈偃武而樂用，則國事所以自廢也，故曰「無所用於國事」。此三劍者，莊子所以言帝王、諸侯無爲有爲之道也。趙文遽悟周之所言，而致敬於莊子，故命宰人上食，而王親環繞以盡禮，可謂幾於不惑也。然推莊子作此篇之意，則非爲趙文而言之也，故屬於寓言。

南華真經新傳卷之十九

宋王元澤傳

漁父篇

夫能忘憂、保真，脱於世俗之拘係而樂於江海之游者，此帷林漁父〔一〕若是矣。莊子因而作《漁父》篇。

孔子遊乎緇帷之林，休坐乎杏壇之上。弟子讀書，孔子弦歌鼓琴，奏曲未半。有漁父者，下船而來，鬚眉交白，被髮揄袂，行原以上，距陸而止，左手據膝，右手持頤以聽。曲終而招子貢、子路，二人俱對。客指孔子曰：「彼何爲者也？」子路對曰：「魯之君子也。」客問其族。子路對曰：「族孔氏。」客曰：「孔氏者，何治也？」子路未應，子貢對曰：「孔氏者，性服忠信，身行仁義，飾禮樂，選人倫，上以忠於世主，下以化於齊民，將以

〔一〕「帷」，原作「惟」，據四庫本及下引《莊子》原文改；四庫本「父」下有「之能」二字。

利天下。此孔氏之所治也。」又問曰：「有土之君與？」子貢曰：「非也。」「侯王之佐與？」子貢曰：「非也。」客乃笑而還，行言曰：「仁則仁矣，恐不免其身；苦心勞形以危其真。嗚呼，遠哉其分於道也。」子貢還，報孔子。孔子推琴而起，曰：「其聖人與？」乃下求之，至於澤畔，方將杖拏而引其船，顧見孔子，還鄉而立。孔子反走，再拜而進。客曰：「子將何求？」孔子曰：「曩者，先生有緒言而去，丘不肖，未知所謂，竊待於下風，幸聞咳唾之音以卒相丘也。」客曰：「嘻，甚矣，子之好學也。」孔子再拜而起曰：「丘少而脩學，以至於今，六十九歲矣，無所得聞至教，敢不虛心？」客曰：「同類相從，同聲相應，固天之理也。吾請釋吾之所有，而經子之所以。子之所以者，人事也。天子諸侯大夫庶人，此四者自正，治之美也，四者離位而亂莫大焉。官治其職，人憂其事，乃無所陵。故田荒室露，衣食不足，徵賦不屬，妻妾不和，長少無序，庶人之憂也；能不勝任，官事不治，行不清白，群下荒怠，功美不有，爵祿不持，大夫之憂也；廷無忠臣，國家昏亂，工技不巧，貢職不美，春秋後倫，不順天子，諸侯之憂也；陰陽不和，寒暑不時，以傷庶物，諸侯暴亂，擅相攘伐，以賤民人，禮樂不節，財用窮匱，人倫不飭，百姓淫亂，天子有司之憂也。今子既上無君侯有司之勢，而下無大臣職事之官，而擅飾禮樂，選人倫，以化齊民，不泰多事乎？且人有八疵，事有四患，不可不察也。非其事而事之，謂之總；

莫之顧而進之，謂之佞；希意導言，謂之諂；不擇是非而言，謂之諛；好言人之惡，謂之讒；析交離親，謂之賊；稱譽詐僞以敗惡人，謂之慝；不擇善否，兩容頰〔二〕適，偷拔其所欲，謂之險。此八疵者，外以亂人，内以傷身，君子不友，明君不臣。所謂四患者：好經大事，變更易常，以挂功名，謂之叨；專知擅事，侵人自用，謂之貪；見過不更，聞諫愈甚，謂之很〔三〕；人同於己則可，不同於己，雖善不善，謂之矜。此四患也。能去八疵，無行四患，而始可教已。」孔子愀然而歎，再拜而起，曰：「丘再逐於魯，削迹於衛，伐樹於宋，圍於陳、蔡。丘不知所失，而離此四謗者何也？」客悽然變容曰：「甚矣，子之難悟也。人有畏影惡迹而去之走者，舉足愈數而迹愈多，走愈疾而影不離身，自以爲尚遲，疾走不休，絶力而死。不知處陰以休影，處静以息迹，愚亦甚矣。子審仁義之間，察同異之際，觀動静之變，適受與之度，理好惡之情，和喜怒之節，而幾於不免矣。謹修而身，慎守其真，還以物與人，則無所累矣。今不修之身而求之人，不亦外乎？」

夫造物者之造物，均受其命而各付其分矣。惟人，一受成形而不變以待盡，故憂患從而以爲累。此漁父所以有四憂、八疵、四患之言也。夫有心者，必有我，有我則外

〔二〕「頰」，《二十二子》本作「頰」。

〔三〕「很」，原作「狠」，據《二十二子》本改，四庫本作「狠」。

不能冥其極也。外不能冥其極，則衣食之不足，爵禄之不持，貢職之不美，財用之匱乏，皆所爲憂而已矣。憂既生，而務役其物以解憂，故總、佞、諂、諛、讒、賊、險、慝之疵亦從而生矣。八疵生，則貪、叨、矜、狠又從而繼生，是皆有心有我，不能冥極之所致也。惟庶人、大夫、諸侯、天子皆冥其極而無心無我，則衣食、爵禄、貢職、財用皆度外之物爾，豈能累我而爲憂乎？故不憂而已矣。不憂則自得，自得則入於無疵也。八疵、四患又何見其交生乎？此莊子託漁父以言其冥極之事也，周之所言豈爲得已乎？

孔子愀然曰：「請問何謂真？」客曰：「真者，精誠之至也。不精不誠，不能動人。故强哭者雖悲不哀，强怒者雖嚴不威，强親者雖笑不和。真悲無聲而哀，真怒未發而威，真親未笑而和。真在内者，神動於外，是所以貴真也。其用於人理也，事親則慈孝，事君則忠貞，飲酒則歡樂，處喪則悲哀。忠貞以功爲主，飲酒以樂爲主，處喪以哀爲主，事親以適爲主，功成之美，無一其迹矣。事親以適，不論所以矣；飲酒以樂，不選其具矣；處喪以哀，無問其禮矣。禮者，世俗之所爲也；真者，所以受於天也，自然不可易也。故聖人法天貴真，不拘於俗。愚者反此。不能法天而恤於人，不知貴真，祿祿〔一〕而受變於俗，故不足。惜哉，子之蚤湛於人僞而晚聞大道也。」孔子又再拜而起曰：「今者丘得遇也，若天幸然。先生不羞而比之服役，而身教之。敢問舍所在，請因受業而卒學大道。」客曰：「吾聞之，可與往者與之，至於妙道；不可與往者，不知其道，慎勿與之，身乃無咎。子勉之，吾去子矣，吾去子矣。」乃刺船而去，延緣葦間。顏淵還車，子路授綏，孔子不顧，待水波定，不聞拏音而後敢乘。子路旁車而問曰：「由得爲役久矣，未嘗見夫子遇人如此其威也。萬乘之主，千乘之君，見夫子未嘗不分庭伉禮，夫子猶有〔二〕倨傲之容。今漁父杖拏逆立，而夫子曲要磬折，言〔三〕拜而應，得無太甚乎？門人皆怪夫子矣，漁父何以得此乎？」孔子伏軾而歎曰：「甚矣，由之難化也。湛於禮義有間矣，而樸鄙之心至今未去。進，吾語汝。夫遇長不敬，失禮也；見賢不尊，不仁也。彼非至仁〔四〕，不能下人，下人不精，不得其真，故長傷身。惜哉，不仁之於人也，禍莫大焉，而由獨擅之。且道者，萬物之

〔一〕「祿祿」，四庫本作「碌碌」。
〔二〕「有」，四庫本作「存」。
〔三〕「言」，四庫本作「再」。
〔四〕「仁」，四庫本、《二十二子》本均作「人」。

所由也，庶物失之者死，得之者生，爲事逆之則敗，順之則成。故道之所在，聖人尊之。今漁父之於道，可謂有矣，吾敢不敬乎？」

內直而不假於物者，真也。內直者，本於精也；不假於物者，出於誠也。故曰：「真者，精誠之至也。」故精全則與天爲一也，誠至則可動於天也。如此則豈不動於人歟？惟不精不誠，不能與天爲徒，而動於天亦不能於〔一〕人矣。故曰：「不精不誠，不能動人。」此篇亦屬於寓言。

列御寇篇

夫知道達德而外，不能遺形忘己而與物同，則未爲至人而已矣。莊子因而作《列御寇》之篇。

〔一〕 四庫本「於」上有「動」字。

列御寇之齊，中道而反，遇伯昏瞀人。伯昏瞀人曰：「奚方而反？」曰：「吾驚焉。」曰：「惡乎驚？」曰：「吾嘗食於十槳[一]，而五槳先饋。」伯昏瞀人曰：「若是，則汝何爲驚已？」曰：「夫内誠不解，形諜成光，以外鎮人心，使人輕乎貴老，而䪠其所患。夫槳人特爲食羹之貨多餘之贏，其爲利也薄，其爲權也輕，而猶若是[二]，而況於萬乘之主乎？身勞於國而知盡於事，彼將任我以事而效我以功，吾是以驚。」伯昏瞀人曰：「善哉觀乎。汝處已，人將保汝矣。」無幾何而往，則户外之屨滿矣。伯昏瞀人北面而立，敦杖蹙之乎頤，立有間，不言而出。賓者以告列子，列子提屨，跣而走，暨乎門，曰：「先生既來，曾不發藥乎？」曰：「已矣，吾固告汝曰人將保汝，果保汝矣。非汝能使人保汝，而汝不能使人無保汝也，而焉用之感豫出異也？必且有感，搖而本性[三]，又無謂也。

夫至人者，内所以藏其真，外所以和其光。藏真者，固欲遺其形；和光者，要不異於物。故所處則使人不貴已，所爲則使人不可知，與俗況冥而中心自得，此至人之道如此也。至于御寇則不然，雖曰乘風適性，而未能遺形，齊物而外有所矜飾，之齊則

[一]「槳」，四庫本、《二十二子》本均作「饔」，下文同。

[二]「是」，原作「食」，據四庫本、《二十二子》本改。

[三]「性」，《二十二子》本作「才」。

致五槳之先饋也。夫槳之先饋者，此人之所以致恭也。恭而不已則生悦慕之心，悦慕之心生則皆歸從而保聚。是己之所以反爲於物先也，豈爲至人之道歟？此伯昏瞀人所以有人將保汝之言也。

與汝遊者又莫汝告也，彼所小言，盡人毒也。莫覺莫悟，何相孰也。巧者勞而知者憂，無能者無所求，飽食而遨遊，汎若不繫之舟，虛而遨遊者也。」

巧者，愈務其巧也，其形所以嘗勞矣，故曰「巧者勞」。智者，慮其有失也，其心所以嘗憂矣，故曰「智者憂」。此皆矜能役物之累也，惟聖人敦兮若朴而未嘗見其能，寂然無心而未嘗見其求，逍遥於天地之間，若虛舟之不繫也。故曰：「無能者無所求，飽食而遨遊，汎若不繫之舟，虛而遨遊者也。」

鄭人緩也，呻吟裘氏之地。祇三年而緩爲儒，河潤九里，澤及三族，使其弟墨。儒墨相與辯，其父助翟。十年而緩自殺。其父夢之曰：「使而子爲墨者，予也。闔胡嘗視其良，既爲秋柏之實矣？」夫造物者之報人也，不報其人而報其人之天。彼故使彼。夫人以己爲有以異於人以賤其親，齊人之井飲者相捽也。故曰：今之世皆緩也。自是，有德者以不知也，而況有道者乎？古者謂之遁天之刑。

夫鄭緩之爲儒，弟翟之爲墨，因其性之所然也。性者，天之所付也，人受天之性而其才各有所從也。緣其所從而習貫，則同於自然而已矣。故緩之才性從於學，其終所以爲儒也；翟之才性從於儉，其終所以爲墨也。故曰：「造物者之報人，不報其人而報其人之天。」報其人之天者，所謂使人習貫而同自然也。緩不知其所以，而以弟由己化而反勝己，故感激怨憤以傷生，所謂大惑而已矣。莊子所以譏其所惑也。

聖人安其所安，不安其所不安；衆人安其所不安，不安其所安。

聖人安其所安者，所謂存其正正也；不安其所不安者，所謂亡其不正也。衆人安其所不安者，所謂存其不正也；不安其所安者，所謂亡其正正也。正正存，則所以爲聖人；不正存，則所以爲衆人矣。

莊子曰：「知道易，勿言難。知而不言，所以之天也；知而言之，所以之人也；古之人，天而不人。」朱泙漫學屠龍於支離益，單千金之家，三年技成而無所用其巧。

道若大路，然知之所以爲易也，故曰「知道易」。知於大道則勿言，所以爲難也，故曰「勿言難」。夫知道而晦默則無爲也，故曰「知而不言，所以之天也」；知道而騰説則有爲也，故曰「知而言之，所以之人也」。惟聖人心得於道而無爲、不有爲，故曰「古之人，天而不人」也。

聖人以必不必，故無兵；衆人以不必必之，故多兵；順於兵，故行有求。兵，恃之則亡。

道者，無爲之朴也，兵者，有爲之器也。聖人體道，無爲而順物情，所以無兵而已矣。故曰：「聖人以必，不必故無兵。」衆人亡道，有爲而迕物情，所以多兵而已矣。故曰：「衆人以不必必之，故多兵。」多兵，則順兵而外求也，故曰：「順於兵，故行有求。」然兵者，聖人不得已而用之也，豈務樂用而恃之歟？恃之則固難以存也，故曰：「兵，恃之則亡。」

小夫之知，不離苞苴竿牘，敝精神蹇淺，而欲兼濟道物，太一形虛。若是者，迷惑于宇宙，形累不知太初。彼至人者，歸精神乎無始而甘冥乎無何有之鄉。水流乎無形，發泄乎太清。悲哉乎，汝爲知在豪毛，而不知大寧。

天下之世俗，以遺問之具爲其道，而以蹇淺之知爲其智；勞形蔽神，而欲以澤世而導物。是迷於妙有之至道，而暗於太初之真理，所謂心惑而力不贍也，安知至人之所爲乎？夫至人入道之至妙，遊心於太初，出處寢臥於無盡之域，而其行所以不窒，其用所以無方，澤世整物而天下莫知其爲也，豈若世俗之所爲乎？故曰：「彼至人者，歸精神乎無始而甘瞑乎無何有之鄉。水流乎無形，發泄乎太清。」

宋人有曹商者，爲宋王使秦。其往也，得車數乘；王悅之，益車百乘。反於宋，見莊子曰：「夫處窮閭阨巷，困窘織屨，槁項黄馘者，商之所短也；一悟萬乘之主而從車百乘

者，商之所長也。」莊子曰：「秦王有病召醫，破癰潰痤者得車一乘，舐痔者得車五乘，所治愈下，得車愈多。子豈治其痔邪，何得車之多也？子行矣。」

闕傳

魯哀公問于顔闔曰：「吾以仲尼爲貞幹，國其有瘳乎？」曰：「殆哉圾乎。仲尼方且飾羽而畫，從事華辭，以支爲旨，忍性以視民而不知不信，受乎心，宰乎神，夫何足以上民？彼宜汝與？予〔一〕頤與？誤而可矣，今使民離實學僞，非所以視民也，爲後世慮，不若休之。難治也。」施於人而不忘，非天布也。商賈不齒，雖以事〔二〕齒之，神者弗齒。

聖人者，與天地合其德，與陰陽同其功，不露其神而付物自化，不顯其迹而使人相慕，窈兮無爲而復歸於朴素，豈欲爲臣於時歟？此魯哀欲用仲尼，而顔闔告之以殆哉圾乎也。夫奥妙虛静者，聖人之道也；窈冥晦〔三〕默者，聖人之迹也。道不可以知，而迹不可以見。今用於魯而爲輔臣，則是道可知而迹可見，天下必飾外尚辭而擬之矣。如此則聖人不得不有爲，而天下不得不喪真，非所以爲致治之理也。故曰

〔一〕「予」，原作「于」，據四庫本、《二十二子》本改。
〔二〕「事」，四庫本作「士」。
〔三〕「晦」，原作「悔」，據四庫本改。

「方且飾羽而畫，從事華辭，以支爲旨」，又曰「難治也」。此顏闔能知聖人無用之用矣。

爲外刑者，金與木也；爲内刑者，動與過也。宵人之離外刑者，金木訊〔二〕之；離内刑者，陰陽食之。夫免乎外内之刑者，惟真人能之。

闇蔽之人，所以有我有心也。故有我則與物不齊諧，有心則與物相靡刃，此所以離内外之刑也。夫與物不齊諧者，自拘而所以傷生也。故曰：「離外刑者，金木訊之。」與物相靡刃者，焚和而亦所以傷生也。故曰：「離内刑〔三〕者，陰陽食之。」此非不爲闇蔽之人乎？故曰「宵人」。惟真人無我無心而物莫爲之累，安有傷生之患也？故曰：「夫免乎内外之刑者，惟真人能之。」

孔子曰：「凡人心險於山川，難於知天；天猶有春秋冬夏旦暮之期，人者厚貌深情。故有貌願而益，有長若不肖，有順懁而達，有堅而縵，有緩而釬。

人之心處於至虛之地，而居於杳寂之際，不可以智度而已。故曰：「人心險於山川，難於知天。」天由有其用而可知，人心亦有其用而不可以知之；故春秋冬夏旦暮之

〔二〕「訊」，《二十二子》本作「訙」。

〔三〕「刑」，原脱，據四庫本及前引《莊子》原文補。

期，是天之用也，情貌願達緩釬之殊，是心〔一〕之用也。天之用，所期必至而可以知；心之用，所爲難副〔二〕而不可知。此孔子之深歎也。

故其就義若渴者，其去義若熱。

就義若渴者，見義而爲如得於飲也；其去義若熱者，見而不爲而必熱於中也，是有爲而已，安若不爲之爲歟？非至人，孰能與此？

故君子遠使之而觀其忠，近使之而觀其敬，煩使之而觀其能，卒然問焉而觀其知，急與之期而觀其信，委之以財而觀其仁，告之以危而觀其節，醉之以酒而觀其則，雜之以處而觀其色。九徵至，不肖人得矣。」

夫君子之人，端而虛，勉而一，内直而外不役物也。故其忠足以致主，其敬足以奉上，其能足以剸煩，其智足以應變，其信足以不約，其仁足以兼濟，其節足以拯危，酒不足以亂其神，色不足以悦其心，此君子之所藏。如此而挫鋭解紛，而與物無異，小人所以同之而難也。然而必欲知於君子者，此莊子所以有「遠使之以觀其忠，近使

〔一〕四庫本「心」上有「人」字，下句同。

〔二〕「副」，四庫本作「測」。

之而觀其敬，煩使之而觀其能，卒然問焉而觀其知，急與之期而觀其信，委之以財而觀其仁，告之以危而觀其節，醉之以酒而觀其則，雜之以處而觀其色」之言也。夫忠敬智能仁信節法者，此君子皆備於身而可以觀之也。觀之而不僞，則小人固可以別矣。故曰：「九徵至，不肖人得矣。」

正考父一命而傴，再命而僂，三命而俯，循墻而走，孰敢不軌？如而夫者，一命而呂鉅，再命而於車上儛，三命而名諸父，孰協唐許？

曾子再仕，而心再化；正考父三命，而身愈恭。蓋曾子以祿秩雖厚，而不足以爲貴；考父知軒冕儻來，而不足以爲榮。汝曾子謂之心化，而考父可謂形化者乎？不如是，則莊子安得取之也。

賊莫大乎德有心而心有眼〔二〕，及其有眼也而內視，內視而敗矣。

夫不思而得，則所謂德之無心也；求而後得，則所謂德之有心也。有心之德，則害性也，故曰「賊莫大乎德有心」。有心，則心悅於外也，故曰「心有眼」。有眼，則不能反視而觀於復，惟務自內視外而喪其真，故曰「及其有眼也而內視，內視而敗

〔二〕「眼」，四庫本、《二十二子》本均作「睫」。

矣」。

凶德有五，中德爲首，何謂中德？中德也者〔二〕，有以自好也而吡其所不爲者也。窮有八極，達有三必，形有六府。美、髯、長、大、壯、麗、勇、敢，八者俱過人也，因以是窮。緣循、偃佒、困畏不若人，三者俱通達。知慧外通，勇敢多怨，仁義多責。

窮有八極，達有三必，形有六府者，皆生有我者也。惟能無我，則八極不足以爲累，三必不足以爲役，六府不足以傷生。非至人，孰能與於此？

達生之情者傀，達於知者肖；達大命者隨，達小命者遭。

達於生則無生也，達於智則無智也，達於命則順命也。無生則形復於無爲也，故曰「達生之情者傀」。無智則心無所係也，故曰「達於智者肖」。順命則任其壽夭也，故曰「達大命者隨，達小命者遭」。然而達生所謂窮理也，達知〔三〕所謂盡性也，達命所謂至命也。

人有見宋王者，錫車十乘，以其十乘驕穉莊子。莊子曰：「河上有家貧恃緯蕭而食者，其子没於淵，得千金之珠。其父謂其子曰：『取石來鍛之。夫千金之珠，必在九重之淵而

〔二〕「德也者」，原脱，據四庫本、《二十二子》本補。
〔三〕「知」，原作「性」，據四庫本改。

驪龍頷下，子能得珠者，必遭其睡也。使驪龍而寤，子尚奚微之有哉？』今宋國之深，非直九重之淵也；宋王之猛，非直驪龍也。子能得車者，必遭其睡也。使宋王而寤，子爲齏粉夫。」或聘於莊子。莊子應其使曰：「子見夫犧牛乎？衣以文繡，食以芻菽，及其牽而入於太廟，雖欲爲孤犢，其可得乎？」

莊子者，可謂無心於物也。前有楚之召，則引在笥之龜以自況；而後有人之聘，則指人廟之犧以爲喻，是貴富不能累心也。貴富不能累於心，則死生焉足以動乎？此所以繼言其死也。

莊子將死，弟子欲厚葬之。莊子曰：「吾以天地爲棺槨，以日月爲連璧，星辰爲珠璣，萬物爲齎送。吾葬具豈不備邪？何以加此？」弟子曰：「吾恐烏鳶之食夫子也。」莊子曰：「在上爲烏鳶食，在下爲螻蟻食，奪彼與此，何其偏也？」以不平平，其平也不平；以不徵徵，其徵也不徵。

夫死者，時之適去也，氣之暫散也。去必有其來，而散必有其聚，至人知其如此，而豈顧形骸之不葬歟？此莊子所以有「吾以天地爲棺槨，以日月爲連璧，晨辰爲珠璣，萬物爲齎送，吾具豈不備邪？何以加此」之言，以言不葬之葬也。夫不葬之葬，反真也。弟子尚惑而恐其烏鳶之所食，非所以知莊子之達觀也。

明者唯爲之使，神者徵之。夫明之不勝神也久矣，而愚者恃其所見入於人，其功外也，不亦悲乎？

神明者，佛氏之所謂大神大明也。大神無方，大明有徼，明不勝神，用有差别。故曰明不勝神。夫神之所用，見獨也；明之所用，見有也。見獨則所以入於天，而見有則所以入於人，入於人則未免於惑也。故曰：「愚者恃其所見入於人，其功外也，不亦悲乎？」

南華真經新傳卷之二十

宋王元澤傳

天下篇

夫聖人之道不欲散，散則外，外則雜，雜則道德不一於天下矣。此莊子因而作《天下》篇。

天下之治方術者多矣，皆以其有爲不可加矣。「古之所謂道術者，果惡乎在？」曰：「無乎不在。」曰：「神何由降？明何由出？」「聖有所生，王有所成，皆原於一。」

聖人之道散而百家之學盛，其術行於天下而不一，各以所爲盡道而不可增益也。故曰：「天下之治方術多矣，皆以其爲不可加矣。」安知道不止於一方乎？故曰：「古之所謂道術者，果惡乎在？曰：『無乎不在。』」夫道無乎不在，則其妙所以爲神，而其徼所以爲明，内所以爲聖，而外所以爲王，皆出於妙本之一也。故曰：「神何由降？明何由出？」「聖有所生，王有所成，皆原於一。」此莊子極明大道於終篇，以言及神、明、聖、王四者矣。

不離於宗，謂之天人。不離於精，謂之神人。不離於真，謂之至人。以天爲宗，以德爲本，以道爲門，兆於變化，謂之聖人。以仁爲恩，以義爲理，以禮爲行，以樂爲和，薰然慈仁，謂之君子。以法爲分，以名爲表，以參〔二〕爲驗，以稽爲決，其數一二三四是也，百官以此相齒；以事爲常，以衣食爲主，蕃息畜藏，老弱孤寡爲意，皆有以養，民之理也。

宗者，道之原本也。道之原本出於天。故曰：「不離於宗，謂之天人。」精者，未離乎陽也。未離乎陽，則天德之至也。故曰：「不離於精，謂之神人。」真者，内直而不假於物也。故曰：「不離於真，謂之至人。」天者，自然也；德者，自得也；道者，無爲也。任於自然而自得，以無爲則所以與化爲一也。故曰：「以天爲宗，以德爲本，以道爲門，兆於變化，謂之聖人。」仁者，愛也；義者，宜也；禮者，履也；樂者，和也。出於道之散，而及遠也。故曰：「以仁爲恩，以義爲理，以禮爲行，以樂爲和，薰然慈仁，謂之君子。」君子至人，不及天人、神人、聖人矣。

古之人其備乎？配神明，醇天地，育萬物，和天下，澤及百姓，明於本數，係於末度，六通

〔二〕「參」，四庫本作「操」。

四辟，小大精粗，其運無乎不在。其明而在數度者，舊法世傳之史尚多有之。其在於《詩》、《書》、《禮》、《樂》者，鄒魯之士、搢紳先生多能明之。

聖人之道，其妙所以無方，而其徼所以及物，其精粹所以同於天地，其生成所以周於萬物，其惠所以霑天下，而其澤所以被群民。存於妙本，著於粗末，推而行之，發而至之，未嘗不小，未嘗不大，自精至粗，而无有不在，此聖人之道也。故曰：「配神明，醇天地，育萬物，和天下，澤及百姓，明於本數，係於末度，六通四辟，小大精粗，其運無乎不在。」夫聖人之道，其精本於至妙，而所以爲其獨見；其粗存於法度，而所以使衆人之可行。是以搢紳之士能明之也。故曰：「其明在數度者，舊法世傳之史尚多有之。其在於《詩》、《書》、《禮》、《樂》者，鄒魯之士、搢紳先生多能明之。」此莊子所以卒明孔子之道也。

《詩》以道志，《書》以道事，《禮》以道行，《樂》以道和，《易》以道陰陽，《春秋》以道名分。其數散於天下而設於中國者，百家之學時或稱而道之。天下大亂，賢聖不明，道德不一，天下多得一察焉以自好。譬如耳目鼻口，皆有所明，不能相通。猶百〔二〕

〔二〕「百」，《二十二子》本作「有」。

家衆技也，皆有所長，時有所用。雖然，不該不徧，一曲之士也。判天地之美，析萬物之理，察古人之全，寡能備於天地之美，稱神明之容。

夫莊子之德，不以萬物干其慮，而能信其道者也。彼非不知仁義也，以爲仁義小而不足行已；彼非不知禮樂也，以爲禮樂薄而不足化天下。故老子曰：「道失而後德，德失而後仁，仁失而後義，義失而後禮。」是知莊子非不達於仁義禮樂之意也，彼以爲仁義禮樂者道之末也，故薄之云爾。夫儒者之言善也，然未嘗求莊子之意。好莊子之言者，固知讀莊子之書也，然亦未嘗求莊子之意也。昔者先王之澤至莊子之時竭矣，天下之俗，譎詐大作，質朴並散，雖世之學士大夫未有知貴己賤物之道者也。於是棄絶乎禮義之緒，奪攘乎利害之際，趍利而不以爲辱，殞身而不以爲怨，漸漬陷溺以至乎不可投〔二〕已。莊子病之，思以其説教〔三〕天下之弊而歸之於正也。其心過慮，以爲仁義禮樂皆不足以正之，故同是非，齊彼我，一利害，而以足乎心爲得。此其所以矯天下之弊者也。既以其説矯弊矣，不懼來世之遂實吾説而不見天地之純，古人之大體也，於是寄其心於此篇以自解，故其篇曰：「《詩》以道志，《書》

〔二〕「投」，四庫本作「救」。
〔三〕「教」，四庫本作「矯」。

以道事，《禮》以道行，《樂》以道和，《易》以道陰陽，《春秋》以道名分。」由此觀之，莊子豈不知聖人之道哉？又曰：「譬如耳目鼻口，皆有所明，不能相通。由百家衆技也，皆有所長，時有所用。」用是明聖人之道，其全在彼而不在此，而亦自列其書於宋鈃、慎到、墨翟、老聃之徒，俱爲不該不偏一曲之士。蓋欲以明吾之言有爲而作，非大道之全爾。然則莊子豈有意於天下之弊而存聖人之道乎？伯夷之清，柳下惠之和，皆有矯於天下者也。莊子之用心，亦二聖人之徒矣。

是故内聖外王之道，闇而不明，鬱而不發，天下之人各爲其所欲焉以自爲方。悲夫，百家往而不反，必不合矣。後世之學者，不幸不見天地之純，古人之大體，道術將爲天下裂。

道藏於内則聖也，顯於外則王也。百家之術競起，而殽亂其道，所以晦而不顯也。故曰：「内聖外王之道，闇而不明，鬱而不發。」天道既不明而不發，世俗焉能見其全純乎？又曰：「後世之學者，不幸不見天地之純，古人之大體。」夫不見其全純者，是道之所以滅裂，而諸子之言交起也。故復言道術將爲天下裂，而繼言諸子之異術。此莊子爲言始終之序也。

不侈於後世，不靡於萬物，不暉於數度，以繩墨自矯而備世之急，古之道術有在於是者，

墨翟、禽滑釐聞其風而説之。爲之大過，已之大循〔二〕。作爲《非樂》，命之曰《節用》，生不歌，死無服。墨子汜愛兼利而非鬭，其道不怒；又好學而博，不異，不與先王同，毀古之禮樂。黄帝有《咸池》，堯有《大章》，舜有《大韶》，禹有《大夏》，湯有《大濩》，文王有《辟雍》之樂，武王、周公作《武》。古之喪禮，貴賤有儀，上下有等，天子棺槨七重，諸侯五重，大夫三重，士再重。今墨子獨生不歌，死不服，桐棺三寸而無槨，以爲法式。以此教人，恐不愛人；以此自行，固不愛己。未敗墨子道，雖然，歌而非歌，哭而非哭，樂而非樂，是果類乎？其生也勤，其死也薄，其道大觳；使人憂，使人悲，其行難爲也，恐其不可以爲聖人之道，反天下之心，天下不堪。墨子雖獨能任，奈天下何？離〔三〕於天下，其去王也遠矣。墨子稱道曰：「昔者，禹之湮洪水，決江河而通四夷九州也，名川三百，支川三千，小者無數。禹親自操橐耜而九雜天下之川；腓無胈，脛無毛，沐甚雨，櫛疾风，置萬國。禹大聖也，而形勞天下也如此。」使後世之墨者，多以裘褐爲衣，以跂蹻爲服，日夜不休，以自苦爲極，曰：「不能如此，非禹之道也，不足謂墨。」相里勤之弟子，五侯之徒，南方之墨者苦獲、已齒、鄧陵子之屬，俱誦《墨經》，而倍譎不同，相謂別

〔二〕「循」，四庫本、《二十二子》本均作「順」。
〔三〕「離」，原作「未」，據四庫本、《二十二子》本改。

墨；以堅白同異之辯相訾，以觭偶不仵之辭相應；以巨子爲聖人，皆願爲之尸，冀得爲其後世，至今不決。墨翟、禽滑釐之意則是，其行則非也。將使後世之墨者，必自苦以腓無胈，脛無毛，相進而已矣。亂之上也，治之下也。雖然，墨子真天下之好也，將求之不得也，雖枯槁不舍也，才士也夫。不累於俗，不飾於物，不苟於人，不忮於衆，願天下之安寧以活民命，人我之養畢足而止，以此白心。古之道術有在於〔二〕是者。宋鈃、尹文聞其風而悦之，作爲華山之冠以自表，接萬物以別宥爲始；語心之容，命之曰心之行，以聏合驩，以調海内，請欲置之以爲主。見侮不辱，救民之鬭，禁攻寢兵，救世之戰。以此周行天下，上説下教，雖天下不取，强聒而不舍者也，故曰：上下見厭而强見也。雖然，其爲人太多，其自爲太少，曰：「請欲固置五升之飯足矣。」先生恐不得飽，弟子雖飢，不忘天下。日夜不休，曰：「我必得活哉。」圖傲乎救世之士哉。曰：「君子不爲苛察，不以身假物。」以爲無益於天下者，明之不如已也。以禁攻寢兵爲外，以情欲寡淺爲内，其小大精粗，其行適至是而止。公而不當〔三〕，易而無私，決然無主，趣物而不兩，不顧於慮，不謀於知，於物無擇，與之俱往。古之道術有在於是者，彭蒙、田駢、慎到聞其風而悦之，齊萬

〔二〕「於」，原脱，據《二十二子》本補。

〔三〕「當」，四庫本作「黨」。

物以爲首，曰：「天能覆之而不能載之，地能載之而不能覆之，大道能包之而不能辯之。」知萬物皆有所可，皆有所不可，故曰：「選則不偏，教則不至，道則無遺者矣。」是故慎到棄知去己，而緣不得已，泠汰於物，以爲道理，曰：「知不知，將薄知而後鄰傷之者也。」謑髁無任而笑天下之尚賢也，縱脱無行而非天下之大聖。椎拍輐斷，與物宛轉，舍是與非，苟可以免。不師知慮，不知前後，魏然而已矣。推而後行，曳而後往，若飄風之還，若羽之旋，若磨石之隧，全而無非，動静無過，未嘗有罪。是何故？夫無知之物，無建己之患，無用知之累，動静不離於理，是以終身無譽。故曰：「至於若無知之物而已，無用賢聖，夫塊不失道。」豪桀相與笑之曰：「慎到之道，非生人之行而至死人之理，適得怪焉。」田駢亦然，學於彭蒙，得不教焉。彭蒙之師曰：「古之道人，至於莫之是莫之非而已矣。其風窢然，惡可而言？」常反人，不聚[一]觀，而不免於魭斷。其所謂道非道，而所言之韙不免於非。彭蒙、田駢、慎到不知道。雖然，槩乎皆嘗有聞者也。以本爲精，以物爲粗，以有積爲不足，澹然獨與神明居。古之道術有在於是者，關尹、老聃聞其風而悦之。建之以常無有，主之以太一，以濡弱謙下爲表，以空虛不毁萬物爲實。關尹曰：「在

〔一〕「聚」，四庫本、《二十二子》本均作「見」。

己無居，形物自著。其動若水，其靜若鏡，其應若響。芴乎若亡，寂乎若清，同焉者和，得焉者失。未嘗先人而常隨人。」老聃曰：「知其雄，守其雌，爲天下谿；知其白，守其辱，爲天下谷。」人皆取先，己獨取後，曰「受天下之垢」；人皆取實，己獨取虛，無藏也故有餘，巋然而有餘。其行身也，徐而不費，無爲也而笑巧；人皆求福，己獨曲全，曰「苟免於咎」；以深爲根，以約爲紀，曰「堅則毁矣，鋭則挫矣。」常寬容於物，不削於人，可謂至極。關尹、老聃乎，古之博大真人哉。芴〔一〕漠無形，變化無常，死與生與，天地并與，神明往與。芒乎何之，忽乎何適，萬物畢羅，莫足以歸，古之道術有在於是者，莊周聞其風而説之。以謬悠之説，荒唐之言，無端崖之辭，時恣縱而不儻，不以觭見之也。以天下爲沈濁，不可與莊語，以卮言爲曼衍，以重言爲真，以寓言爲廣。獨與天地精神往來而不敖倪於萬物，不譴是非，以與世俗處。其書雖瓌瑋而連犿無傷也。其辭雖參差而諔詭可觀。彼其充實不可以已，上與造物者遊，而下與外死生、無終始者爲友。其於本也，弘大而辟，深閎而肆；其於宗也，可謂調〔二〕適而上遂矣。雖然，其應於化而解於物也，其理不竭，其來不蜕，芒乎昧乎，未之盡者。惠施多方，其書五車，其道舛駁，其言也不中。歷物

〔一〕「芴」，四庫本作「寂」。
〔二〕「調」，《二十二子》本作「稠」。

之意，曰：「至大無外，謂之大一；至小無內，謂之小一。無厚，不可積也，其大千里。天與地卑，山與澤平。日方中方睨，物方生方死。大同而與小同異，此之謂小同異；萬物畢同畢異，此之謂大同異。南方無窮而有窮，今日適越而昔來。連環可解也。我知天下之中央，燕之北、越之南是也。汜愛萬物，天地一體也。」惠施以此爲大，觀於天下而曉辯者，天下之辯者相與樂之。卵有毛；雞三足；郢有天下；犬可以爲羊；馬有卵；丁子有尾；火不熱；山出口；輪不蹍地；目不見；指不至，至不絶；龜長於蛇；矩不方，規不可以爲圓；鑿不圍枘〔二〕；飛鳥之景未嘗動也；鏃矢之疾，而有不行不止之時；狗非犬；黄馬驪牛三；白狗黑；孤駒未嘗有母；一尺之捶，日取其半，萬世不竭。辯者以此與惠施相應，終身無窮。桓團、公孫龍辯者之徒，飾人之心，易人之意，能勝人之口，不能服人之心。辯者之囿也。惠施日以其知與人之辯，特與天下之辯者爲怪，此其柢也。然惠施之口談，自以爲最賢，曰：「天地其壯乎，施存雄而無術。」南方有倚人焉曰黄繚，問天地所以不墜不陷，風雨雷霆之故。惠施不辭而應，不慮而對，徧爲萬物説，説而不休，多而無已，猶以爲寡，益之以怪。以反人爲實而欲以勝人爲名，是以與衆不適也。弱於德，强於物，其涂隩矣。由天地之道觀惠施之能，其猶一蚉一虻之勞者也。其於物也

〔二〕「枘」，原作「柄」，據《二十二子》本改。

何庸？夫充一尚可，曰愈貴道，幾矣。惠施不能以此自寧，散於萬物而不厭，卒以善辯爲名。惜乎，惠施之才，駘蕩而不得，逐萬物而不反，是窮響以聲，形與影競走也。悲夫。

夫莊子叙墨子、宋鈃、尹文、彭蒙、田駢、慎到、關尹、老聃、惠施、桓團、公孫龍之徒，而皆言古之道術在此者，蓋明諸子酌取聖道之緒餘而各爲一家之言也。然以關尹、老聃爲真人者，以二子不假於物而爲言，出於性之至真也。故曰：「古之博大真人哉。」周又〔二〕自以其説爲謬，悠其言爲荒唐，其辭爲無端崖者，蓋高言盡道而矯世俗之弊，天下必以其書爲謬悠荒唐無崖也。故自言之而窒，非可謂明達而先知也。

〔二〕「又」，四庫本作「人」。

南華真經拾遺

宋王元澤傳

太廟之犧

周之爲書，特有寓而言耳，討其文而不以意原之，此爲周者之所以訟也。周曰：「上必無爲而用天下，下必有爲而爲天下用。」又自以爲處昏上亂相之間，故窮而無所見其材，孰爲周之言皆不可措乎君臣父子之間，而遭世遇主終不可使有爲也？及其引太廟之犧以辭楚之聘使，彼蓋危言拒衰世之常人爾。夫以周之才，豈迷出處之方而專畏犧者哉？蓋孔子所謂隱居放言者，周殆其人也。

春秋經世

聖人有論議無辨，諸子有辨無論議。論者論説而止，議者議評而止，辨者辨其事之是非如何耳。六合之外，聖人存而勿論；六合之内，聖人論而不議。聖人有論也，《春秋》議而不辨，《春秋》經世之迹，第議而已。聖人有議也，聖人之有議，非得已也，豈若衆人務辨以相示歟？

罔兩問影

莊子之書兩言罔兩之問影，似影之爲影，似〔一〕待乎形而實不相待也。而不知者以起坐俯仰爲在形，豈知影寔不待於形歟？夫以影必待形，形必待造物者，是不能冥於獨化耳。能冥於獨化，則知影之不待形，形之不待造物，極於無有而已。故曰：「惡識其所以然不然？」

夢爲胡蝶

莊子以其自適則言夢爲胡蝶，以其自樂則言如魚之樂。以胡蝶微小飛揚而無所不至矣，以魚處深渺而能活其身矣，所以寓其自適自樂之意於二物，在於齊諧萬物也。

卮言

卮言，不一之言也。言之不一，則動而愈出，故曰「日出」。言不一而出之，必有本，故曰

〔一〕四庫本「似」作「以」。

「和以天倪」。天倪，自然之妙本也。言有其本則應變而無極，故曰「因以曼衍」。言應變無極則古今之年有時而窮盡，而吾之所言無時而極也，故曰「所以窮年」。此周之爲言雖放縱不一，而未嘗離於道本也。故郭象以周爲知本者，所謂知莊子之深也。

雜説

萬物之所道者，道也。道者物之所道而無有不在，故在大則未嘗有所過，而在細則未嘗有所遺。是以萬物之才，性分中亦各有所取，而此莊周之爲書而言及鯤鵬、蜩鷽、斥鴳、鷦鷯、螘羊、魚蝶、馬牛、山木之類也。

道之本在太極之先而不爲高，根在六極之下而不爲深。未有天地也，先天地生而不爲久。自古以固存也，長於上古而不爲壽。萬有不同謂之富，不同同之之謂大，富有之謂大業，此聖人也。

有形然後有名，有名然後有分，有分然後有守。莊子曰：「形名已明，分守次之。」

莊子所謂不折鏌鋣，不怨飄瓦，與夫不怒虛舟之意同也。

天地有大美而不言，四時有明法而不議，萬物有成理而不説。是以孔子欲無言也，則曰：「天何言哉？四時行焉，百物生焉。」非體道者，孰能與此？率性者自然也，修道者使然也。自然者天也，使然者人也。在自然之中者有也，在使然之外者無也，人安能奪其所有、益其所無哉？故所有者性也，所無者莊子之所謂侈也。德者己之所有也，於己之所有人益之，是侈也。故曰：「駢拇枝指出乎性哉，而侈於德；附贅縣疣出乎形哉，而侈於性。」

君子之迹有窮通，聖人之道無鈍利，民之所見者然也。君子之迹有窮通，其心則無窮通之異也。故曰「窮亦樂，通亦樂」，以窮通爲寒暑風雨之序也。

莊子曰：「無以故滅命」，人道之謂故，天道之謂命。

道譬則歲也，聖譬則時也，莊周所以作《秋水》而言時至者，當其時而已。奈曲士指此而非之，宜其憒夏蟲之不可以語於冰，井蛙之不可以語於海也。

莊子言顔回忘仁義矣，未能忘禮樂。仁義先忘而禮樂後忘，是仁義不如禮樂也。此莊子先言忘内而後忘外，仁義内也，未能忘外，禮樂外也，内外忘然後能坐忘。此其言之所以不同也。

聖人以必不必，衆人以不必必。何謂也？大人者言不必信，行不必果，必不必也；言必信，行必果，以不必必也。莊子之言有與聖賢相似者，不可全非而已矣。

聖人不自立意而意常存，不自有我而我常在，迫之而後動，不得已而後起，非有意而動也，非有我而起也，亦曰應之而已。

莊子曰「物物者，不物於物」，與荀子「精於道者物物」之言相合也。

静者本也，動者末也。静與物爲常，動與物爲應者聖人也。静與物爲離，動與物爲構者衆人也。聖人物物，衆人物於物，知斯而已矣。

孔子曰：「君子學以致其道。」莊周曰：「道不可致。」孔子曰：「中庸之爲德也，其至矣乎。」莊周曰：「德不可至。」何也？曰：「孔子言其在人，莊周言其在天。」以其在天，則自然之道奚由致，而自得之德奚由至？以其在人，則深造之道不可致，何由得道？日新之德不至，何由得德？惟夫能致然後可以不致，惟夫能至然後可以不至。

莊周之書，究性命之幽，合道德之散，將以去其昬昬而易之以昭昭，此歸根復命之説、剖斗折衡之言所以由是起矣。雖然，道於心而會於意，則道問而無應，又奚俟於言者歟？蓋無言者雖足以盡道之妙，而不言者無以明，故不得已而後起，感而後動，迫而後應，則駕其所説而載之於後，而使夫學者得意則亡[一]象，得象則亡言，此亦莊子之意有冀於世也。

莊子言澤雉之處樊中，以其失於真性也。古之至人則能忘其機心，息其外慮，心與太虚齊，道以陰陽會，以天地爲一朝，以曠代爲一府。無人非爲異，故物不得而親，不得而疏，此其迭出於範圍之外，而又非澤雉之在乎樊中也。

莊子曰：古之真人過而弗悔，當而不得，則是聖人未嘗無過也。過而不自以爲悔，與天同也。若其與人同者，則有改過，不吝其更也，人皆仰之者矣。冬而燠，夏而寒，天地之過也。天地且有過，況聖人乎？大恐之謂懼，小恐之謂惴，莊子曰：「大恐漫漫，小恐惴惴。」

莊子之書，其通性命之分而不以死生禍福動其心，其近聖人也，自非明知不能及此明知矣。讀聖人之説亦足以及此，不足以及此而陷溺於周之説，則其爲亂大矣。

夜氣存者，萬慮息也。不定以存者，謂不能朝徹也，能朝徹則所謂復德之本也。

〔一〕四庫本「亡」作「忘」，下句同。

神有甚於聖，而鼓舞萬物者神也，與萬物同憂者聖也。神不聖則不行，聖不行不藏。莊周之言尚神而賤聖，矯枉之過也。

莊子曰：「自本自根。」本者一，在於木下。根者木止於艮旁，本出於根而根附於本，相須而生也。故本者命也，根者性也。老子曰「歸根曰静」，以言性也；「静曰復命」，以言本也。

莊子之書有言真人、至人者，以真者言乎其性也，至者人道之至也。

明者神之散，神者明之藏，是明由神之所致也，故曰「明不勝神」。

老子曰「天門開闔」，莊子曰「天門無有」。以其萬物由之而出，故曰「開闔」。以其萬物由之而藏，故曰「無有」。

莊子之言涬溟者，所謂無盡之際復無盡也。萬物芸芸而生成於中，所以不見其極也。

萬物備之於天地之中，而天地非有意於萬物也，故曰「大備矣，莫若天地。」然奚求焉，而大備矣。萬物亦備於我身，而我非外更役物也，故曰「知大備者無求」。如此則自得而不遺於道也，安能舍己而逐物歟？故曰：「無失無棄，不以物易己也。」

莊子曰「有名有實，是物之居」者，所謂在體爲體，在用爲用，而萬物之所由是也。「無名無實，在物之虛」者，所謂不聞不見而必集於虛是也。「可言可意，言而愈疏」者，無言無意而道所以親也。

莊周之書，載道之妙也。蓋其言救性命未散之初，而所以覺天下之世俗也，豈非不本於道乎？夫道，海也；聖人，百川也；道，歲也；聖人，時也。百川雖不同，而所同者海；四時雖不同，而所同者歲。孔、孟、老、莊之道雖適時不同，而要其歸則豈離乎此哉？讀莊子之書，求其意而忘其言，可謂善讀者矣。

附錄　序跋提要

一　明萬曆刊本《南華真經新傳》序

前代解《莊子》甚多，自郭象、成玄英注疏外，若林疑獨、呂惠卿、陳景元、王元澤、劉槩、吳儔、趙以夫各有傳，林希逸有《口義》，李士表有《十論》，王旦有《發題》，范無隱有《講語》，至武林褚伯秀彙採爲《義海纂微》而獨斷之，於是諸家全書行於世者益罕。雖吳澄有《訂正》，羅勉道有《循本》，亦多濶略未備。乃萬曆己卯，侍御九澤劉公按滇，訪余清平別墅，出王元澤《新傳》曰：「是書爲胡廬山督學楚中示張太衡氏，而張太衡氏得之不釋手，玩索最力者。」爰屬余一言，欲廣其傳。余受而卒業，則再三歎嗟，謂元澤之爲人，世多訾點，其解《莊子》，顧翹楚諸家而雅馴若此，此《宋史》稱元澤性敏氣豪，睥睨一世，要亦不誣。侍御取言不以人廢，厥旨遠哉。緣諸家各持己意解《莊子》，是以有合有不合；元澤持《莊子》解《莊子》，是以無不合。粵稽《莊子》之指義，大都以至理自然，故首《逍遥遊》；逍遥則彼此齊，故次《齊物論》；齊則無生，無生而生所以存，故次《養生主》；善養生則足處世變，故次《人間世》；能處世變則德日起，故次《德充符》；德者得其所真宰也，故次《大宗師》；真宰得則天下不能違，故次《應帝王》。此論著之綸貫，皆括於内篇七篇。其十五外篇、十一雜篇，或激而宣憤，或詭而樹矯，或放而遺滯，或深而造朴，不過蒇藏内篇之宏綽幽廣已爾。元澤妙涉斯趣，獨提挈綱領，因以批郤導窾，曲暢條疏，其《拾遺》、《雜説》，尤推見至隱，卒會通於内篇之本根。雖《駢拇》、《馬蹄》、《胠篋》、《在宥》簡袠脱失，然其精證未嘗不賅存於他註之中。讀《莊子》獲此，如泛江河有利楫，陟華嵩有濟勝具，豈不快哉？余既敘《新傳》之崖略如是，又更端請於侍御曰：「世評《莊子》不經，而爲百家之冠。夫不經何足冠百家？蓋徒見決聖智、棄仁義諸語，爲悖堯、舜、周、孔，皆泥其辭，不達其意。惟大儒邵康節達其意，而曰：『莊子善通物』。曷言通物？道之形體曰物，物之性命曰道，道自通物，物自通我，我自通道。凡役我於大小是非、成毀生死、得喪禍福，奚繇通物不通物？奚繇通道不通道？我與天地萬物，奚繇復通爲一？此本堯、舜、周、孔之宗緒，莊子窺見之，遂竊以陶鑄《南華》，因鼓舞縱横其辨駁，以自成曠古之奇談，正言若反，何謂不經？苟但襲堯、舜、周、孔爲名高，而大小是非、成毀生死、得喪禍福日樊籠膠漆其中，何謂經？是莊子所姍笑也。爲堯、舜、周、孔之學，不蹈莊子姍笑也者，則莊子方將拜下風，膝行而望進矣。萬曆己卯六月朏，淮海山人孫應鰲書。

日本内閣文庫藏抄校本《南華真經新傳》卷首

二　《南華真經新傳》提要

《南華真經新傳》二十卷，兩淮鹽政採進本。宋王雱撰。雱，字元澤，臨川人，王安石子也。未冠登進士，累官龍圖閣直學士。事蹟附見《宋史》安石傳。是書體例略仿郭象之註，而更約其詞。標舉大意，不屑屑詮釋文句。大旨謂内七篇皆有次序綸貫，其十五外篇、十一雜篇，不過藏内篇之宏綽幽廣，故所説内篇爲詳。後附《拾遺》、《雜説》一卷，以發揮餘義，疑其書成後所補綴也。史稱雱睥睨一世，無所顧忌，其狠愎本不足道。顧率其傲然自恣之意，與莊周之滉漾肆論，破規矩而任自然者，反若相近，故往往能得其微旨。孫應鼇序謂「取言不以人廢」，諒矣。是書《宋志》不著錄，晁公武《讀書志》作十卷，此本倍之，疑《讀書志》誤脱二字，或明人重刊，每卷分爲二歟？王宏撰《山志》曰：「注《道德》、《南華》者無慮百家，而吕惠卿、王雱所作頗稱善，雱之才尤異。使當時從學於程子之門，所就當不可量。」又曰：「竊又疑惠卿之姦諂，雱之恣戾，豈宜有此？小人攫名，或倩門客爲之，亦未可知。」案，小人凶狡，其依憑道學，不過假借聲名。邢恕何嘗不及程子之門，見《伊洛淵源録》。章惇何嘗不及邵子之門，見《聞見録》。而一旦決裂，不可收拾。安見雱一從程子，必有所就？至於雱之材學，原自出群，王安石所作《新經義》，惟《周禮》是其手稿，其餘皆雱所助成，蔡絛《鐵圍山叢談》言之甚詳，又何有於《莊子》註，而必需假手乎？宏撰所言，不過好爲議論，均未詳考其實也。

中華書局影印浙本《四庫全書總目》卷一四六子部道家類

圖書在版編目（CIP）數據

南華真經新傳 /（宋）王雱撰；韓星點校．-- 福州：福建人民出版社，2023.10
（莊子集成 / 劉固盛主編）
ISBN 978-7-211-09183-6

Ⅰ．①南…　Ⅱ．①王…　②韓…　Ⅲ．①《莊子》－注釋　Ⅳ．① B223.5

中國國家版本館 CIP 數據核字 (2023) 第 190643 號

南華真經新傳

作　　者：［宋］王　雱　撰　韓　星　點校
責任編輯：莫清洋
助理編輯：李　科
美術編輯：白　玫
責任校對：李雪瑩
出版發行：福建人民出版社
電　　話：0591-87533169（發行部）
網　　址：http://www.fjpph.com
電子郵箱：fjpph7221@126.com
地　　址：福建省福州市東水路 76 號
經　　銷：福建新華發行（集團）有限責任公司
印刷裝訂：上海盛通時代印刷有限公司
地　　址：上海市金山區廣業路 568 號
電　　話：021-37910000
開　　本：890 毫米 ×1240 毫米　1/32
印　　張：10.125
字　　數：176 千字
版　　次：2023 年 10 月第 1 版第 1 次印刷
書　　號：ISBN 978-7-211-09183-6
定　　價：70.00 元